浮生

人生天地之间
若白驹过隙，忽然而已。

林默蕾／著

南方出版社·海口

图书在版编目 (CIP) 数据

浮生 / 林默蕾著 . —— 海口：南方出版社, 2020.8
ISBN 978-7-5501-5959-4

Ⅰ.①浮… Ⅱ.①林… Ⅲ.①散文集—中国—当代
Ⅳ.① I267

中国版本图书馆 CIP 数据核字 (2020) 第 038014 号

浮　生
FUSHENG

林默蕾　著

责任编辑：董立君
装帧设计：图文天地
出版发行：南方出版社
邮政编码：570208
社　　址：海南省海口市和平大道 70 号
电　　话：（0898）66160822
传　　真：（0898）66160830
印　　刷：天津图文方嘉印刷有限公司
开　　本：889mm×1194mm 1/32
印　　张：5
字　　数：150 千字
版　　次：2020 年 8 月第 1 版
印　　次：2020 年 8 月第 1 次印刷
定　　价：39.00 元

自序

夏虫语冰

《浮生》是我随感的文字,长短不一,灵光所至,没有底稿。所幸,总有一群等着看我发文的人,翘首以盼。现在的人都很忙,耳目之所及,各种资源和声乐网络都已经饱和。能静下心来看一篇文章,看完之后在心里略略回味,生起一些感触的,也许不多了。所以,最初有人希望出版《浮生》的时候,我很想做一本"典雅的小书":小小的一本,可以放在口袋里，随身携了去也不觉得累赘；有生动的插画，有会引发人共鸣的生活小品。纸张是淡淡的米黄色，有点像我小时候看过的小书，带着点淡淡的墨香。手指拂过去，也有一种淡淡的心安。

和《浮生》同期出版的《明月别枝惊鹊》，用的是和我心意相合的袁运甫先生的名画作为封面，非常地美，整体设计上无论构图还是色彩都水到渠成。唯有《浮生》的封面迟迟未决。最初的设计是在白底黑字的封面上用幻彩勾勒了一小块风景的剪影，很像人生的幻光——为当梦是浮生事，为复浮生是梦中。

《无问西东》中有一位睿智的母亲，她对满腔抱负的儿子说："你一生所要追求的功名利禄，没有什么是你的祖上没经历过的，那些不过是人生的幻光……"

浮生若梦，谁是觉人？我们终其一生所追求的，真的不过是人生的幻光。

那些踌躇满志的五陵少年，一转眼就两鬓挂了霜，再回首看自己的人生，难免百感交集，莫衷一是。更彻悟一点的，看浮生，"好一似食尽鸟投林，落了片白茫茫大地真干净"。

从前我喜欢李清照，在课堂上听课，也不忘偷瞄她写的词。看到她轻蔑一众才子，很有气魄。但是她说苏东坡"不谐音律"，却并不赞同。苏子的一生，磨难重重，最初的傲骨和才气都是绝响。等到真正彻悟，却是头上顶个大西瓜，边走边唱，连春梦婆都笑他："从前你做大官的日子，像不像一场春梦啊。"

人似秋鸿来有信，事如春梦了无痕。即使是春梦，也是好的。但是人生不如意十之八九，几乎每个成年人的心里，都住着一个小孩子，还有不得不压下的创伤。成人的世界太复杂了，残酷而现实的社会难免带给人很多伤害，我们其实都在寻找治愈，寻找简单纯粹美好的东西……"我们这个世界又名"堪忍"，想来轻俏而快乐的时光都是稍纵即逝。

有一天看到日本插画家今成敏夫的插画：幽蓝的夜空下春天的绿野，和小而可爱的房子，星星一眨一眨地闪着光芒；草地上迷蒙的绿意，散落着缤纷的小花，走来两个孩子，一个粉红一个淡绿……充满着治愈的魔力。

这才是我想要做这本书的本意：有一本温暖的小书，不经意间温暖一颗陌生的心。就像圣·埃克苏佩里在《小王子》中写道："星星是美丽的，有一朵看不见的花；沙漠是美丽的，有一口水井在默默散发着光芒；让星星、沙漠和水井美丽的东西，是看不见的。"

因而，对于忙于生计的人们来说，偶然有一刻，翻到这本小书，如果能得到些心灵的安慰，又或者突然起了共鸣，忍不住说一声："是这样的呢。"我就已经很知足。

就像汪曾祺老先生曾经写过的："那一年，花开得不是最好，可是还好，我遇到你。那一年，花开得好极了，好像专是为了你。那一年，花开得很迟，还好，有你。"

已识乾坤大，犹怜草木青。那些喜欢我文字的人们，还好，有你们。

生而为人，人生本苦，也必然有一些快乐的浮沫。即便是生活中的小悲喜，那也是生命中的起落。

黑田正太郎在《拜启，樱花开》中说："明知会散落，仍不惧盛开。"

甚得我心。

林默蕾

并以此小文，感谢帮助出版此书的人！

目录
CONTENTS

浮生　001

一别两宽　006

造园　008

别后常忆君　014

偶得　017

你今天的心情很美丽　020

玛德琳小点　025

人生的"小确幸"　027

他朝两忘烟水里　030

闲来写就青山看　033

荷香淡淡　038

043　京都瓢亭

048　化蝶

054　又得浮生一日凉

057　小虫

061　快递小哥

065　只手之声

068　燕尾蝶

074　春梦了无痕

079　心清

081　端午

084　求婚

087　少年锦时

092　天地清明

097　尚衣局

102　嫦娥奔月

爱的次序　104

谷雨　109

红尘　111

常玉　115

路畔的蔷薇　120

永远和你在一起　122

好吃不过饺子　126

微小的尘世间　133

门口的猫咪　135

乡愁的味道　138

种瓜得瓜，种豆得豆　144

浮生

以前,我写过清少纳言的《枕草子》,很喜欢那流丽清秀的行文。甚至不惜改了周作人的版本,觉得他翻译得实在拖沓冗长。

清少纳言是日本平安时代的宫中女官,清是姓,少纳言是宫中的官职。但是即便不解其意,"清少纳言"这四个字也有足够的美感,纤细敏锐,清冽

浮生

婉约。她用女性独有的视角,以疏淡却流丽的笔触,开放了一片脱尘的自然天地:有紫色的藤花,夹杂在书页里的深蓝和幽紫色的绸绢碎片,也有经年之前的蝙蝠扇,还有枝丫欹斜、叶枯瓣落、杂草伴生。

让人读了不由得心生欢喜。

大约是因为这典雅的东方文字之美,英国的名导彼得·格林纳威(Peter Greenaway)拍了一部《枕草子》,也叫《枕边禁书》(The Pillow Book)。格林纳威的所有影片的情节都怪异离奇,所以他的《枕草子》有两性敏感的香艳与压抑的欲望,也有社会人文性的启迪与震撼。

人生,又何尝不是如此?

每一个人对于人生的体悟,各有千秋。无论高贵雅致,抑或是声色犬马、市井人生,多维的人生,就像不同层次的海水,有着不同的温度、色彩、洋流以及生物,丰富而又壮丽。

即便是同一个人,在天真烂漫、对世界充满憧憬与向往的童年,壮志当凌云的少年,体验过人生百味的中年,处乱不惊日薄西山的暮年,不同人生阶段的心境也必是不同的。

你看,十八岁的王希孟笔下清贵逼人的青绿山水,是一个少年才能有的细致与圆满,和黄公望浩渺留白的山水全然不是一个维度。纵然,我喜欢黄公望,但是却更爱王希孟。因为给人生做减法,固然需要智慧与积累,但是给人生做加法,却是浑然天成。就像画完西斯廷天穹的米开朗琪罗,无法在这个时候雕刻出举世闻名的《大卫》。那样青春夺人又美好的身体与容颜,只属于少年人,也只有少年的细致与力量,才能在如此坚硬的大理石上雕刻出堪称完美的雕像。

在热闹的市井里,给你的菜篮里搭一把青翠小葱的小贩,或者心心念念地想着今年的积蓄终于可以去香港买一条精美的梵克雅宝项链的女子,他们的人生也都是丰富而鲜明的。

浮生

圣者常说：人生如幻，不过如梦幻泡影，如露亦如电，人生如梦，再回头已是百年身。然而，若只看到梦，而不明白生也有妙处，也就走入另一个死胡同了。

便观有生，蜉蝣朝夕而死，蟪蛄不知春秋，人的生命也算长闲。这相对长闲而有限的生命，便是庄子在《刻意》里说的"其生若浮，其死若休"。这便是"浮生若梦"。

只是，有的人不愿意醒，有的人没有机会醒，还有的人以为自己醒了。真正清醒的人，绝不会一直睁着眼睛，反而会继续闭目养神，爱恨嗔痴，哪一样都是假的，哪一样又都是真的。

所以，睁开心灵的睫瓣，才能真切地体会"殷勤昨夜三更雨，又得浮生一日凉"。

我和一位做编辑的好友说，我想做一本小书，就像《枕草子》，有细致的行文，有雅俗共赏的世情，还有喜人的小插画。说那是随手记下来的点点滴滴也可以，也许会在不经意间，突然触动一个陌生人的心怀，令他莞尔一笑，或者潸然泪下。书不必太厚，但要精致，或者典雅，亦可有世俗的诙谐生动，可以揣在口袋里去喝一杯咖啡，或者品一壶茶。在拥挤的地铁里也能毫不费劲地掏出来，暂避喧嚣。

她说："好！我给你做。但是你要写另一本金融理财的书来换。"

人生的代价，大抵如此。要做很多现实的事，才能换来理想的一刻。

浮生

一别两宽

有段日子没上微信，陆陆续续接到朋友们的问讯。看到留言时，往往都过了期，再去回就有点不好意思。

其实每年都有那么一段时间，我会过过自在的小日子。小日子就是自己的小世界，可以浪漫如仙子，也可以懒惰如小猪。

我是个世俗里的人，还算自律，偶尔偷懒，美其名曰也要张弛有度。所以我懒散的时候，就给自己找个借口"为之修心"。言语道断，心行处灭，谁不会说呢？但心在行先，所以心的自在，最为重要。以自在的心去看世情，美人如花隔云端，真是一别两宽，各自安好。

杨绛老先生说："世态人情，可作书读，可当戏看。"

翻翻就好，不用深陷其中。

看透了世情，眼神依然清澈；是一个有故事的人，脸上却没有风霜。在嘈杂的红尘里，看到花开，闻到鸟鸣，嗅到炊香，我以为是一个人最好的状态。

浮生

造园

在中国走红的日本设计师青山周平,改了一座苏州的百年老宅。若是新宅,无可厚非。但是中国古典的院子,突然就失了味道,那是在中国老院子的壳里,放了一个日本人的生活轨迹:原木色的天花板,日式的桌椅、移门、吧台和共同泡汤(泡澡)的浴缸,连墙上的装饰,横平竖直,也是日本人的精神。

美人在骨，不在皮，建筑也是这样。青山周平是个很好的室内设计师，我很喜欢他。但是他对中国古典建筑的美研究不深。一座好好的古宅，就这样被毁掉了。

日本古式的建筑，最具有苍朴之美的，大都是寺院。虽然和中国台湾一样是水岛，但是日本民族天生有一种更锐利的自律精神，所以日本的街道极为整洁，纵然是历经百年的老建筑，也有可能不会破败。枯山水、苔园与盆景，是日本园林中不可或缺的元素。这种雅洁的精神，确乎是从古中国继承而来。只是，日本的园林，美则美矣，喜欢的人觉得轻灵雅致，不喜欢的人又总要抱怨过于程式化，如盆景一样，大都小巧而带着人工的斧凿。我在京都的时候，看过很多这样的日本园林，小而雅，清洁舒服。

以前，我有位邻居是一位造园能手，他栽种了很多美丽的日本枫，利用地形的坡度，移步换景，

浮生

布局错落有致，中间有喷泉，又定制了硕大的陶瓷花盆，栽种了一排湘妃竹。我每次开车经过他家的门口，总是看到美丽的应季鲜花。我家与邻居家的后园，相邻无界，有几次我一大早跑去看后花园里新插的玫瑰，他常常会猝不及防地在我身后问好，吓我一跳。只是每年春季，我家窗下一壁雪白的杜鹃花，开得流光溢彩，有一种极致的美丽，邻居总是说盖过了他家所有的花草。

我在露台上搭了一个小阁子，垂了深色的竹帘，幽隐而宁静，起名叫作"阅微小阁"。我种的室内花只有两种，玫瑰和幽兰。各色的兰花一开，亭亭玉立。我很喜欢的家居品牌有一季出品的瓷器与茶具，具有东方格调的器形和色彩，轻薄的蛋白瓷胚底子上是色彩淡雅的芍药花，我一并买了来，收在小阁里，可以一边喝茶吃点心招待朋友，一边看着后园的风景。晚上如果熄了灯，只留一盏复古的烛火，躺在藤椅上，拉起竹帘，可以看到满天的星斗，夏夜里听着虫鸣与蛙叫入睡，早晨又常常会被鸟声唤起。

林语堂总是说，极为痛恨西方的园林，他说那种整齐的园林修剪与规划，让他恨得眼睛生疼。实际上，西方人的园林，大都师法自然，他们最多讲究一下植物的配比，蓝天白云，芳草如茵，鲜花一开，足矣。讲究的，比如荷兰著名的郁金香花园，又很像仙境，美得很自然。荷兰人爱花爱到骨子里，即便是简单的船屋，也总是装饰着鲜花。

建筑与园林的美是母亲在我的基因里留下的印记。我还记得她有很多建筑与园林的书，那些书既厚重又精美，其中有一本讲的是中国古典建筑中的飞檐与屋顶，除了实物照片，还有手绘的图案。飞檐、斗拱、琉璃瓦，落一两只飞鸟；香亭、花窗、太湖石，间种几枝翠竹。在荷花里放一小包茶叶，第二天泡茶的时候，茶里就带了荷香。小楼一夜听春雨，深巷明朝卖杏花。

浮生

古人的风雅，在于深知进退与阴阳平衡，曲径幽深，内外有别。中国人大都喜欢有个自家的园子，无论在外面有多么辛苦，到了自家的园子里，就好似回到了自己的小世界。但是懂得造园的人实在很少。现代建筑商按照模子复制出来的园林，基本上有些千篇一律。

我记得建筑设计师王澍说过一句话，大约是说中国人的宅院，总是宅院中环抱着水，他认为这是中式庭院的精神。西方人的庭院，则大多是水环抱着宅院。

但，更准确地说，中国人总是希望在自家庭院里，呈现微观的山水。而西方人，则更喜欢将房屋建在自然的山水中。西方人没有太多复杂精微的理念，他们只是喜欢赏心悦目。计成写了一部《园冶》，认为园林的精髓是"虽由人作，宛自天开"。相地构园，唯山林最胜。现在谁会照着这样的精神去造园呢？

古人的心里，总是矛盾的，装着庙堂之高，亦装着江湖之远。没有几个人肯为了江湖之远,而放下庙堂之高。英雄盖世的霸王项羽也说:富贵不还乡,岂不是锦衣夜行?"忆在锦城歌吹海,七年夜雨不曾知。"谁,又肯放下俗世里的烟火,去那灯火阑珊处,移竹当窗,分梨为院,溶溶月色,瑟瑟风声?

在终南山的二子,开始在冬天里赖被窝,看猫狗打架,去山上打点野果核桃,顺带着理理发。二子住山并不是为了清修,他有社交恐惧症。逃离人群之后,他反倒找到了与人相处的均衡。大约,人们有着好奇与羡慕,终究还是不知道,他一个人,究竟会在那山沟沟里住多久呢?

浮生

别后常忆君

在交朋友方面,我是个被动而长情的人。别人对我的好,总是记在心上,但嘴上是不说的。大约从小的家教是不要给别人添麻烦,要体谅他人,所以我从不会要求朋友为我做什么。遇到谈得来的朋友,我反而是尽力不要成为对方的负担。

只是好久没见小艾,忍不住给她发了封邮件。

她说接到我的邮件心里很惊喜，即刻动身从远方飞来看我。这一年，她父亲过世，家人患病，先生的生意重新起步，颇有压力。但第一眼看到她，还是很优雅，只是多了几分疲倦，盖了一条淡蓝色的毯子，就在沙发上睡着了。

想起我们同在美丽的海滨城市时，常常到彼此家中吃饭聊天开派对。我搬到亚城，新居还没有买全家具，她也和先生一起飞来探望。亚城的春天很美，紫色的玉兰花开得娉婷动人，粉色与白色的樱花像瀑布一般惊艳着人的眼。我准备了野餐篮，和他们一起去湖边小坐。平静的湖面上有嬉戏的野鸭，间或可以看到野生的鸳鸯和鹭鸶。飞倦了的大雁落在岸边小憩，是记忆里隽永的画卷。

后来她又因工作迁去北部的城市，我也去看过她一次。因为走得急，没有来得及买礼物，第二天又要匆匆返回，所以只好临时到一家餐厅叫了几个菜打包带去和他们共享。再有就是有一年她和先生

浮生

来亚城和我们一起过新年。

分居两地的朋友难免会联系逐渐减少。小艾夫妇都是和善亲切的人,所以不久也有了新的朋友。但我与小艾的这份友谊,倒一直没有因为时空而淡漠。

现在的人都忙,未必会有机会说走就走去探望遥远的故人。

友情、爱情和亲情,其实不需要那么多华丽的辞藻,就看你肯不肯为一个人飞到大洋彼岸,看一眼她是否平安,叙一下旧日时光。

相见亦无事,别后常忆君。

这大概是我对友情,写得最平淡却最真实的一段话了吧?

偶得

深秋一来，天气转凉，即便不如北方的节气明显，早晚也都有些凉意渗进来。未雨绸缪，订了几件素衣。面料都是很素雅的苎麻，选了淡淡的天青色，像水墨丹青一样的淡灰色，还有一件白色，在衣领或者袖口有清雅的刺绣，有一件衣服的袖口绣着一朵青莲，暗合了当初我去青莲院的心意，里衬是薄薄的真丝棉，

浮生

算不得太保暖,但是大约也可以对付到年底吧。

有一件半长的夹衣,很简单的中式衣裳,手绘着一枝清丽的玉兰。

有人写玉兰,说花瓣洁白、丰腴、硕大,大概说的是广玉兰吧。如果真的去看早春刚刚萌出花芽的玉兰,特别是紫玉兰,轻俏怡人。画在衣服上的玉兰,衬着天青色的底子,淡淡的紫色也并不突兀。

我其实没有多少中式的衣服,除了几件应景的旗袍,我几乎从来没有买过中式的衣服,但是骨子里到底还是喜爱古中国的典雅的,只是素雅好看又适合家居日常的衣服实在难找,所以也从不勉强。偶尔碰上一件,也就随缘。

庄子说:一年而野,二年而从,三年而通,四年而物,五年而来,六年而鬼入,七年而天成,八年而不知死、不知生,九年而大妙。但这世上哪一样的功夫,不需要时间的沉积呢?如习琴,如书画,如做衣,如修身养性。

那天家里人帮我接了一个花篮，无名，花插得流光溢彩，只有一张手写的小卡片，念给我听：姑娘，愿你一切安好，若有来生，我陪你一起。然后问："你知道是谁吗？"

大约是知道的吧。但既然不署名，也就不必说破了，也谢谢这份情意，祝君安好。

这世上很多事情，原本放在心里就好了。十语九中，不如一默。

人性，有温暖虔诚的一面，也有凉薄势利的一面，自心清净，才是无染。

柴世宗笔下最美丽的天青色："雨过天青云破处，者般颜色做将来。"但是真的深入到宇宙里，只有茫茫一片黑暗。最明亮最柔美的颜色混在一起，最后成为黑色。所以有人称黑色是最富有生机的颜色。而破除黑暗的，从来都是光明。

上天自有安排，人生自有历练。

万事万物，九九归一。一，又归何处呢？

偶得

浮生

你今天的心情很美丽

四天后是小寒,天气有点儿冷。泡了一小壶茶,写了首《寒梅》,听了首空灵的小曲。可惜窗外有樱花、杏花各种树,唯独没有梅花。

方小姐说,以后一定会在院子里帮我种几棵蜡梅,再弄几棵桂花。槐树还是算了吧,招虫子。

我回答:随你,应景儿就好。

三金子在朋友圈刷屏，发的是工程师招聘职位，我说你再刷屏我就不看你朋友圈了。

他赶紧停了，问："今天你怎么这样清闲？你不是一直好忙好忙的吗？"

我说："心清闲，人就清闲。"

他说："哎，你今天的心情很美丽！你偶尔和我说句话，我的心情也就美丽了。"

我说："好，那以后常和你说几句话。"

今天的心情很美丽。嗯，我喜欢这个描写心情的形容词，就借来了。脑子里却想着下次一定要带一个烧炭的小茶炉回家。

二子说终南山很冷，鸡蛋冻成了冰，水桶也冻裂了。但北方人都习惯了这个冷，搓搓手，看看天，过不了多久，春天就来了。

他的语言忒接地气，不像我，总喜欢诗情画意，讲究个意境。二子哪怕整天就写鸡零狗碎儿，也比我受欢迎。

浮生

其实数一数,一年也就那么几天,一晃儿就没了。

人生也差不多,就那么几年,晃一晃儿也没了。

文字是有容颜的。因为世界上的一切,经过文字的展现,便别有了意义和味道。

——《路畔的蔷薇》

其实数一数,一年也就那么几天,一晃儿就没了。人生也差不多,就那么几年,晃一晃儿也没了。

——《你今天的心情很美丽》

玛德琳小点

寒食节前夕，吃了点冷餐。胃口不太好，本想推却甜品，却看到正好有贝壳状的玛德琳（madeleines）小点，白白胖胖地窝在小碟子里，煞是可爱。想起以前写过，在普鲁斯特的《追忆逝水年华》里，用玛德琳小点蘸着散发椴花蜜芬芳的下午茶。细腻又松软的贝壳状小蛋糕，小小肥肥软软地在口中融化，忍不住

浮生

就吃了几块。只是没有新鲜烤出来的那样好吃。

  以前我常在家里招待朋友，那时候也做过玛德琳小点、抹茶蜜豆戚风蛋糕，还有一次是顺手拿了朋友的中式小点书，学做了菊花酥，还切了花刀，在进烤箱烘烤之前刷了新鲜的鸡蛋液，烤出来有一层金灿灿的色泽，很好看。看到别人吃得很香，我就蛮高兴，似乎比自己吃还要满足。只不过，曾经的慢时光和闲适的心情已经远去，也就没有机会再做什么点心或者小菜招待客人。

  偶然在餐厅邂逅了这款当初做过的小点心，还是有点意外。也不知从什么时候起，在忙碌与琐碎的日常中，竟然失去了做点心的闲致心情。但，也好，吃别人做的香喷喷的小点，也是一种乐趣呢。

  寒食节也，这淡荡春光眨眼即逝，一转眼，江梅已过柳生绵。

随手小记

人生的"小确幸"

在信箱里发现一封信,原来是学生时代的一位旧友,失去音讯后辗转多年找到我。在这个网络发达的时代,有个人偏偏手写了一封信给我,却也在意料之中。因为从前,这位朋友也常常是亲笔写信给我的。

她在信里说:"有一次我偶然经过你的窗前,

浮生

看到你在绿纱帐子里看书,灯光照在你的头发上,淡淡地发着光泽。我想,能和这样的女孩子做朋友,应该是一件很好的事吧。只是,我很犹豫,这样冒昧地去交朋友,该多不好意思啊。所以,我总是期望,有一天,你有什么事,需要我的帮忙,我们自自然然,就成了好朋友,那该多好。"

有一天,她抄了一首诗送给我,这样写道:"这首茹科夫斯基笔下祥兆的花送给你,如花又爱花的好朋友。"

我这位朋友是一位有着独特文艺气质的人,和我一样很喜欢看书,但我们所爱好的书,却是完全不同的品类。她每周周末的黄昏,都会来找我玩。有时候带几本书,有时候带她妈妈做的小点心,有时候是路边的雏菊,有时候什么也不带。

她回忆了很多事:有一次到我家,吃我爸爸亲手熬的桂花糖粥,天气略略有点凉了,热腾腾的粥带着桂花的香气吞进肚子里,十分的满足。傍晚她陪我去散步，大部分时间，我是不怎么说话的，她却有很多的话要说。但说了很久，又一想，就这样安静地看着夜幕四合，不也是蛮好的么？

也许，真正的朋友在一起，即使没有什么话说，也不会觉得尴尬。

现在想起来，我的好朋友们，大都是一些侠肝义胆的女子。这份侠气，和外表无关。她们有的温文尔雅，如小艾，有的爽脆艳丽，也有的虽没有血缘关系，却像姐姐一样从小呵护我长大的人，在直率之外别有一种谦和的温婉气质。我们彼此之间互相欣赏，亦会倾诉些小烦恼，开开玩笑。

我不介意高朋满座，也喜欢独处的自在。人生里有些极细微的感触，只能独隐显幽。但感谢那些珍爱我的好朋友，一如我珍爱你们。纵然岁月匆匆，却因为有你们的存在，所以有了别样的意义与光彩。

浮生

他朝两忘烟水里

曾经看了一部纪录片，讲的是中国古典的园林，和我在母亲案头看到的美丽园林有着同样的身影。所以，兴致所至，就去了片子里的"食养山房"。运气还算好，需要提前预约的山房，破例让我们直接就去。

蜿蜒曲折的山路，有一掠而过的民居，沿山而上是微雨欲来的氤氲雾气。大约是周末，客人很多。等菜的时候，向服务生要了一壶沸水，泡了一盏冻顶铁观音。茶，清香淡淡，衬得身边的人声，格外热闹。大多是慕名而来的游客，还有一起家庭聚会的人。初次来的客人，大都很好奇，每上一道菜，会争相拍照。客来，为的是渲染的清灵意境。菜品据说是按照时令，由厨师特制的私房菜，但是因为客人多，多少还是程式化了。

菜品基本是清淡的，牺牲了五味的调和，大约那天厨师太忙，匆匆而上的饭菜，味道只是平平。

在我身旁硕大的陶瓶里，插着一大捧黄灿灿的迎春花。桌子上，放着店主写的一本书。书页已卷，略皱的封面沾了些油渍。我用手指将书页尽量抚平，翻了翻，又放下了。面前那一小盏茶，已经渐渐冷了。

有一道菜，是用干枯的莲花，浸在汤汁里，枯褐色的花瓣渐渐伸展。不知怎么，我突然想起张爱玲的《金锁记》里，将干枯的玫瑰花浸在酒里，让

浮生

玫瑰复活的,是激情的酒香。圣洁的莲花在俗世的汤碗里浸泡,虽然有一种仪式感,但却难以恢复无染的初心。

夜色渐浓,付了账,走到门口等车子来接。黑黝黝的一团夜色里,只有山房的灯火和人。等坐上车,手臂上已经被花脚的毒蚊子叮了好几个大包,奇痒无比。翻了一会儿,皮包里只有一枚极小的香水,沾了一点,涂在蚊子叮咬的地方,冰凉有棱。

最初的食养山房,到底是怎样的,没有机会领略。但现在的食养山房,却是去一次,就够了。

他朝两忘烟水里。

闲来写就青山看

新年伊始,二子出第二本书了,我也准备再出一本,只是他的书已经上架,我的封面还在等设计师的灵感。知道我写书的人,不知道其实写书译作不是我的职业;和我共事的人,也鲜少知道我码字。知道我写书又有其他天赋的,说"才智冠绝",后面还有个"但是"没有说出口。我当然知道这并不

浮生

是夸赞，所以便笑笑。也有吞到肚子里的，我便配合人家，佯作不知。

天下的事，只有九九，不能十全。而天下二字，无非名利。西施纵然国色，要不是吴越之争，也就几个山野村夫知道她的美貌。隐逸这件事，和住山一样，不是那么容易做的。

二子说自己怕人，大隐于野，田园牧歌加网络时代成就了他，现在颇有一帮粉丝在网上等着看他直播；我不怕人，但懒得应酬，只好小隐于市。我有位老师看到我写"小隐于市"，特别来纠正我说应该是"大隐于市"，我笑嘻嘻答应着，也不辩解，哪敢跟老师争执嘛。其实，我说"小"，是自谦，总不能说大隐于市这样不知天高地厚的字眼儿嘛。市，这个字，意味着柴米油盐酱醋茶，买卖交易，人声鼎沸。隐于市的人，要和光同尘。大约年纪还不够，所以只能和光，不能同尘，所以偶尔还是会露一下锋芒。

有一天发现中医开给我口服的铁皮石斛在冰箱恶劣寒冷的环境里发芽了，挣扎着开了两朵不怎么美的花，脑子里闪过的第一句话是：The year of revitalization. 这个如果直译成中文，不管是"复兴之年"，还是"重振旗鼓"总觉得不对劲儿。我也懒得花心思去想更文雅的意译。

闲在家的时候，我常穿中式的便服，出门再换现代的衣衫。古人的衣服其实设计得蛮实用，脖子后面的经脉最怕受风寒，领子正好保护到这里。衣服宽松，行住坐卧都很舒服。古风的衣服难找到清雅的，弄不好就是某宝上廉价的仿古风。只是，我常订衣服的那家店，生意越来越好，价格越来越贵，做工越来越马虎，服务态度也越来越不好。店大欺客，大抵如此。

切糕哥喜欢吃葱炒鸡蛋，作为一个有负细致的江南人，他总会买一捆北方大葱搁在我家冰箱里，屡说不改，只好由他。阿图同学偶然来给我做饭，

浮生

看到了这捆葱,不知道我不吃,也到超市里买了同样一捆葱,啼笑皆非。至于锅碗瓢盆,不知谁碎了一只锤目纹的玻璃茶杯,又磕破了好几只碗和杯子的边沿。常碎常买,岁岁(碎碎)平安!

器物和文字一样,都是有质感与格局的。喝茶这件事,几乎是全民爱好。但论器物之美,却难出东瀛之右。锤目纹的玻璃茶杯,最能衬托茶汤的颜色。玻璃杯上锤目纹隐约的反射,含蓄而隐约,单看一只杯子,却平淡无奇。一旦注入茶汤,便有一种晶莹剔透的华美感。

这感觉,有一点像:你未看此花时,此花与汝同归于寂;你既来看此花,则此花颜色一时明白起来。

爱因斯坦说:"时间是人的错觉。"这绝不是他的文艺面。时间、空间,乃至一切,都是人们的错觉。朱清时院士一直在试图用物理乃至科学,解释道书里讲的秘境和天机。我看了不禁莞尔,这其实和用语言文字解释没有区别,无非更具象些。世界顶尖级的物理学家、天文学家、数学家和科学家早就钻研过了。不过百姓大众对这种虚无的探索,毫不关心。

这世上很多人,你和他说实话,他是不信的,要么不信你说的是真的,要么认为你不会说实话。

闲来写就青山看,焉知市井非青山?

浮生

荷香淡淡

答应朋友写几篇小文,但是《一归何处》懒得写下去,小说《冬季到台北来看雨》写一半就累了,准备放弃。最后只好顺手在手机上敲敲《荷香淡淡》。好在我基本上写东西连腹稿也不打,写完就忘,不问归处。

看了一个旅人写的日本美食篇,游记里算写得不错的，只是米其林三星的餐厅，原本昂贵，荷包不鼓的人哪里肯去呢？但去过的人写出来给你看，图文并茂，也不失为一种体验，而况人家还细心总结了各种经验教训。但看客的心理却很容易失衡，本来好好的帖子，一众人不满其中炫富的品味，开始指责作者虽然有钱却忘记礼仪，连寿司之神都敢得罪。口水战里的更新，不免带了委屈。

我看得很惋惜。其实，你只要有他人不曾有的东西或者经历，便会引来妒忌与不满。妒人有，笑人无，这是人性中无可逃避的弱点。所以，不必去争。人们在争执的时候，总会忘记，其实自己也有他人匮乏的东西。这，也是人性。

井蛙不可以语于海者，拘于虚也；夏虫不可以语于冰者，笃于时也；曲士不可以语于道者，束于教也。

这几日有远客来，有一位身患重病，几经生死。她说，来之前，总担心我会嫌弃她。她讲述过往的

浮生

际遇，伤心处潸然泪下。我看着她憔悴的面容，想必从前也是容颜姣好的女子，帮她擦去眼角的泪，拉着她的手说："怎么会呢？"

一个人把心里的创伤给另一个人看，是不能辜负的信任。

昨天和一个朋友见面，握手的时候他惊讶地说："为什么你的手，比我的手还暖？"

因为手掌里，有心的温度。谁人不会生老病死？

身病，心不要病；但心病了，身一定病。

紫霞仙子在至尊宝的心里，看到了一滴泪。

不肯让你看到伤悲的人，是曾经把心捧给别人看而受过伤的人，只需给予温暖就好。

人生天地之间，若白驹过隙，忽然而已。

独自静坐，如夏日雨后的清凉，自头顶一泻而下，无须去追。

人似秋鸿来有信，事如春梦了无痕。

我们不是喜欢听一首歌,而是喜欢一首歌上承载的记忆。在成人的世界里重新回味少年锦时,也像五月的黄昏,吹面不寒杨柳风。岁月是一面滤镜,回忆的时候总是带着温暖的光晕。

——《少年锦时》

　　我喜欢春末的五月和五月里淡雅的槐香,还有缤纷的落蕊,落在肩上轻微的触痒。

——《少年锦时》

京都瓢亭

京都是一座清洁美丽的城市,即使闲散地漫步街头,也差不多能丈量完最繁华的中心。读书的时候,有一个朋友去东京进修,带来精美的塔思琦珍珠和有着珍珠光泽的真丝小衫作礼物,我偏偏最钟爱其中一把手作的油纸伞,这把"京都造"的伞我只在下雪的时候撑过一次,朱红色的伞面有一只振

浮生

翅欲飞的金色千羽鹤,那样细致而雅的画工与手作,此后再未见过。在我的心里,这样丰富又细致尔雅的格调,属于京都。

到京都的第二天,去南禅寺的路上,到瓢亭吃饭。那是个清凉而又明媚的上午,沿路有一流清澈的涧水,始终伴随。站在桥上,看着浓绿的树荫下飞溅而过的水流,想必千年来都是这样悠远清澈。

1862年,松川半山绘入的《花洛名胜图会》,有一张是京都南禅寺总门外的松林茶店,正是"瓢亭"的前身。如今,瓢亭依然保持着当初古朴而简单的模样,门口有两张松木榻,上面镶铺着蒲草席子,供早来的客人休息,门楣上飘着小小的帘子。如果不注意,还以为是一家朴素的小店。当年丰臣秀吉重建京都府,按照门楣的大小征收税赋,所以京都的古宅,大都是这样小口大身的模样。

瓢亭的庭院非常幽静,石子铺成的小路,两边有亭亭掩映的古木,覆盖着青翠的苍苔,沿着院子蜿蜒而流淌过的小小潭水，锦鲤漂亮的鳞片在阳光下一闪而过。吃饭的地方是一座小小的茶亭，细竹条拼镶出小小的窗子，透过细密的竹帘，可以看到外面美丽的园林。

脱鞋入室盘坐，侍女奉上热梅子茶洗尘，略咸而鲜的味道，与众不同。怀石料理，一说起源于日本，修行中的僧人为抵饥寒，将热石放入怀中；又说源自老子的《道德经》中"圣人被褐怀玉"，但最早是茶道席中为客人准备的"轻食小菜"，一般是一汁（汤）三菜，在茶亭或者料亭中就餐，园林、挂画、花道，加上别致的食器与美味，成为极为风雅的怀石料理。

瓢亭的怀石料理，第一道是口感轻盈而清新的开胃小菜，然后是摆盘精致的八寸，随后是按次序的头盘、盖物、烧物等等，如果要更轻巧的饮食，则可以选择菜式较少的茶怀石或者朝怀石。每道菜之间是5～10分钟的间隔，可以在蝉鸣流水中慢慢静心。

浮生

各地的老饕对于瓢亭料理从温度的变化、风味的调和、香气的力度等已经分析透彻，从一粒米的香甜、瓢亭玉子的软糯香泽，到用番茄酱搭配的明石鲷，以及渍物小菜的爽口，不厌其烦。在我看来，美味的食物其实只是新鲜加上五味的调和，原本并不需要山珍海味，即便是最普通的食材，用了心，一样的可口。瓢亭的料理多了一份色彩的搭配，分量精致小巧，是淳朴的食物之中的点睛之笔。

上菜的侍女很年轻，脸颊上还有小小的青春痘，笑起来露出两颗虎牙，算不得美貌，但是训练有素，自有一种知书达礼的温婉气质。她粗通英文，上菜期间和我寒暄交谈，十分喜欢我随身携带的一柄精致的阳伞，小心翼翼地帮我收好放在一旁。

餐毕，在茶亭中小坐，喝了一杯茶。虽然身体不适，但依然觉得安静宁心。出门的时候，身着浅色和服的主人高桥英一夫人亲自送到门口，并鞠躬道谢。阳光透过树叶洒在地上，恍惚似曾相识燕归来。

从前走过世界的很多地方,彼时行迹匆匆,很少停下来体味。如今,"亦余心之所善兮,虽九死其犹未悔"。

从外面回到中国,恰逢盛世强国,国人于衣食住行之奢侈,食不厌精脍不厌细,屡见不鲜。

日本茶道崇尚的侘寂精神,是在沧桑之中体味的岁月之美,纵然朴素无华,却难掩襟怀之中的美玉无瑕。倘若不能体会这种精神,那么再美味的怀石料理,也不过是舌尖的一点美味,便囫囵下肚而已了。

浮生

化蝶

  图图同学有极高的情商，他常常自嘲："智商不够高，只好发展情商……"他的情商的确足够高，说话自带表情包，随便说几句话就是能让人笑起来的段子。他和我说话，常常说着说着就把我带跑调了。他很得意："谁知道你也会受到影响呢？"

  图图生于1992年，虽然是典型的水瓶座，但会不自觉地同情弱者；虽然还不到三十而立的年纪，但他已经早早就在社会中打拼，人情冷暖经历之后，完全不像温室里的花朵那样理想而脆弱。他是现实而实际的，心里对于利益的事是小葱拌豆腐——一清二白。我第一次遇到图图时，虽然他殷勤有礼貌，做足了绅士风度，但我还是从那张看似没有风霜的脸上，察觉到他内心最深处的孤独感。

但，谁又不是孤独的呢？只是有人的孤独，是因为难求知己；有人的孤独，是天生对不堪的人性有深刻的不信任，所以不肯放任何人真正靠近自己。亲近你时，他们的心其实早已做好了防备，所以反倒距离更远。图图，属于后者。所以和大部分对同类不信任的人一样，图图对于代表忠诚的狗，天生没有免疫力。

他本来和我交往不深。用他的话说，我是个"大小姐"，他是个苦苦打拼的"屌丝"，我们能有的共同话题，大约就是他偶尔讲几个笑话让我开心一

浮生

下。他每每这样说，我就笑笑。人们是否聚会聊天，也要有个因缘，未必是因为生活的不同。

图图身边不缺姑娘，究竟换了几任女朋友就不大清楚了。有时候我在朋友圈看到他不显山不露水地撒狗粮，也会幽他一默。图图的朋友就是朋友，帮得上的帮不上的，他心里都很清楚。今天帮不上，也许明天就帮上了呢。

有一次他听说我病得很重，连夜从另一个城市跑来看我，倒是让我有点意外。不过，想想他心底有那种悲天悯人的柔软，也就能理解。他看到我第一句话竟然是："我都快吓死了，你怎么看着那么平静？"

我笑着说："那又能怎样呢？难道要哭天抢地么？那可是要花费更大的气力的。"

每个人都会经历磨难，只是每个人的磨难都有所不同。图图苦苦打拼着自己的事业，想必比我更看尽人间的风霜冷暖。但是，他总是乐观的，内心里他又有些悲观，因为这个世界，并非只要你努力，就会有所回报的。

图图来看我的那回，找了个咖啡馆。我还没到的时候，他就先点好了咖啡和点心，等我坐下，他拿出一颗红色的蛇果："喏，见面礼。"他和我说了创业的艰辛，艰难的时候只能随便找地方凑合住一下，连澡堂子都睡过。他还是乐观的，觉得万一失败了也没什么大不了的，大不了找份工作继续。

他还讲了自己的历险，穿着单薄的衣服去藏地淘宝，差点被冻死。但他讲出来，又仿佛只是个笑话一样轻松逗趣。灯光照在他的脸上，还带着少年的光泽，可是却终于有了一种莫名的沧桑。

图图请我吃过两次饭，也给我做过两次饭。第一次是在他的小屋里，因为我吃素，他做了西红柿鸡蛋汤和几个素菜，楼下小店里买了两个白面馒头，西红柿鸡蛋汤他忘了放盐，我还是喝了。小屋很小，只好一个人坐在凳子上，另一个人坐在床上，饭菜

浮生

就放在另一个凳子上。吃完饭,他打车送我回去。另一次是他来探病,在厨房里捯饬了半天,做了一碗并不算好吃的火腿鸡蛋炒饭,但是火腿和佐料都切得很细致,看得出是满心想要做顿好饭给我吃。所以我领了这份心意。

再此后,图图也想要再来看我几次,可是我病情加重,加上清修,阴差阳错,就没有再相聚。

我偶然在微信朋友圈里看到他发的几张搬家的照片,想来他自创的公司已经关闭了。本想打个电话问问,但是又怕触动他的伤心事。

前几天认识了一个新朋友,她的头像很可爱。我问她:"是化蝶前的毛毛虫吗?"她说:"哈哈,是的呢。"

毛毛虫要破茧之前,凤凰浴火之时,大约都是痛的。尽管上天未必如人愿,但每一只毛毛虫,都有化蝶的梦想。希望那些努力打拼的朋友,都能顺利化出美丽的翅膀。

图图以前说:"一切都会好起来的吧,反正也不能再坏了。"

我以前也常常这样想,但是命运有时候还会在重压上加个码,只不过我们都要学会举重若轻。

浮生

又得浮生一日凉

有个朋友,一直不明白我为什么会喜欢苏东坡。直到有一天他偶然读到"东风未肯入东门,走马还寻去岁春。人似秋鸿来有信,事如春梦了无痕",心里突然咯噔一下,赶紧再找几首来读,读到"殷勤昨夜三更雨,又得浮生一日凉",整个人都呆住了。

除了苏东坡,我还喜欢李清照,因为她有那个时代女子难得的才华与胸襟。但即便是李清照，也曾经批评过苏东坡，说他"不协音律"。音律这种东西，是给"凡有井水处，皆能歌柳词"的柳永用的。对柳永，李清照说了一句："虽协音律，而言语尘下。"但只"尘下"二字，柳词便跌到最底层去了。而李清照真正读懂苏东坡，是窥破了人生之后。

就像苏东坡的《寒食帖》，每个字都好像不好看，写错了的字他还涂抹了一团黑，但是真的美不可言。

"曲高"，自然"和寡"。可是天下最珍贵的东西，都极为稀少。所以曲高和寡又有什么关系？但是，哪天真正懂了，就明白了。不明白么，争得头破血流也没有用。

纵然一时不懂，可是那句子，实在是美啊。譬如，"乱蝉衰草小池塘"，只有七个字，便是一幅画的意境了。再有"翻空白鸟时时见，照水红蕖细细香"，美不？

苏东坡是禅门的人，只不过穿了在家人的衣裳。

浮生

若读懂了苏东坡,至少捉了一点禅宗的影子。

　　读不懂又有什么关系?早晚有一天会读懂的。

如我那个朋友,突然就懂了。如人饮水冷暖自知。

小虫

今天是惊蛰,本来是不大想说话的,突然看到一幅插图里有一只青色的小虫,带着一点懵懂的神气,实在是可爱。

刚搬家不久的时候,一天晚上梦到土地公公指给我看,原来有小虫想要搬来住,咦,小虫也喜欢和人一起住?是咯,因为有吃的嘛。

浮生

第二天搜了搜,果然看到有一袋米生虫了。叹了口气,还是把米袋整个丢了。小虫,你想和我一起住,可是我不想和你一起住呢。在自然里不是更好么?

春天草长莺飞,始于惊蛰。一声春雷万物长,小虫又要出来了。今年不要跑来找我,不然只好丢你出去呢。

少年得意的人，最怕中年潦倒。

——《常玉》

心一清明,万物皆显。

———《天地清明》

快递小哥

我微信里有三个快递小哥,一个姓王,一个姓刘,还有一个姓陈。虽然高矮胖瘦不同,个性不一,不过人都蛮好。

小王是甘肃人,总是笑眯眯的,眼睛弯成月牙儿样的一条线。来取件的时候,总是既准时又热情,每每聊几句,他说哪天要回家乡去娶妻生子,安定

浮生

下来。说着说着,有一天就真的和我说,他要辞职回家了。问他为什么,他犹豫了下,说父母还是希望自己回去吧。然后他笑眯眯地说:"什么时候你来我们这里,我带你去玩。"后来不久,看他发了结婚的视频,喜洋洋地去迎亲。心里替他高兴,终于成家立业了啊。时不时,他也会问:"啥时候来我们这里玩啊,记得和我说一声哦。"我也高高兴兴地说:"好的。去了肯定联系你哦。"

小王走了之后,短期内换了两个快递员,脸还没熟,就都换人了。最后稳定下来的,姓刘,话不多,也从不聊天,但是交给他的包裹,总是打理得很好。有一次家里没有胶带了,包裹散开着,他瞅了一眼,说:"放心,我会给你包好的。"随后便手脚麻利地装好了。又有一段时间,很忙,家里人交代了几次都没赶上点,害得他空跑了几趟,我颇过意不去,赶紧道歉。他回了一句:"明天我不上班,叫同事来取吧。"于是想,该不是真的让人家恼了吧。结果第二天，果然他的同事按时来了，真是个守信又厚道的小哥。

与小王和小刘不是一家快递公司的那一个，姓陈，起初是别别扭扭的，让他来取件，总是忘了，有时候说好了的时间，隔三差五要去催，好几次差点误了寄发的时间。到了购物繁忙时节，他又总说走不开。我数落他："你也忒不靠谱了。"他一面嘿嘿嘿地笑，一面辩解："哪里不靠谱了？我还不是忙得要命啊。"

有一回他答应四点来取件，大约和同事喝酒吃饭忘记了，等到快晚上十点了，才冒着雨匆匆跑来，一面打单子，一面咕哝："别着急别着急，我这不是来了嘛。"但自那以后，他突然就靠谱起来，让他发单子就发单子，让取快递也按时取快递。有时候趁着包装时，也会聊几句，但还是会大叫："不要那么着急啊，不要催啊。"

过了一段时间，找他取件，却换了一个人。于

浮生

是微信问他:"不做啦?"他含含糊糊地说:"是啊,又挣不到什么钱。不过,放心放心,我会安排好人去取你家的快递。"又说:"你是不是觉得我特不靠谱啊?"

"没有没有,以前有点不靠谱,现在很靠谱的。干吗不做了呢?以后再回来做吧。"

他很高兴地答应了:"好啊,那以后再回来做。"

语音背景里听到他所在的建筑工地嘭嘭咚咚的响声,他说:"总想着要多挣点钱啊。"

红尘滚滚,相遇的人很多擦肩而过。还好,总是遇到善良的好人。

只手之声

霜降的那天早晨,想写写《只手之声》,打了个岔,灵感便没了。常有读者留言给我,说看了我的书,很想见见我的样子。而我总不知如何回答。在文字的境界里,总有人会读出心灵深处的东西。人是奇怪的动物,复杂、善变、无常、好坏参半,有最柔软的心肠,也有最坚硬的外壳。不论是文字、

浮生

艺术，还是任何其他，无论表现得如何生动，人们只会聆听并赞许引起共鸣的那一部分。所以我通常都只自娱，从不期望获得嘉许，亦不在意他人的目光。以前看过有人评价清少纳言的《枕草子》，说她一定是做宫中女官无法忍受枯燥单调又压抑的生活，才会写生命中最琐碎的感触：盛开的紫藤花，盛在小碗里的碎冰……而我却觉得她其实并不寂寞空虚，因为鸟啼花落，皆与神通；人不能悟，付之飘风。

在这世界上，有人爱你，也必有人轻视你，还有人不知所措。我也常常说：人各有见，不必勉强。

老子说和光同尘，我很喜欢这样的处世哲学，但绝不是为了逃避。我喜欢琴棋书画，但依然只是为了自娱。是谁说，最没有用的，往往是最昂贵的，譬如艺术；但当你迫切需要"有用"时，无用之物便是最廉价且最没有意义的。凡高的画不论今天如何遥不可及，他在世时无人问津；毕加索后期的作品，着实是对人们的嘲讽，因为他随手胡画，也价值万金，谁又知道他掌握了绘画史上全部的艺术风格?人们总是行色匆匆,又难以在这势力现实的世界里保持清醒,又怎能感受大千世界无处不在的微妙之美?

老子说:"绝学无忧。""为学日益,为道日损,损之又损,以至于无为,无为而无不为。"这真是智者的境界!老子这个"和光同尘",比韬光养晦还要内敛。但"尘"又怎会掩住"光"之灿烂。老庄这样微妙的"道"理,若看不懂,又怪谁呢?

世间草木皆美。

浮生

燕尾蝶

初秋的一天,我偶然到楼下的花园,一只美丽的燕尾蝶飞过来,轻盈地飘过我的身边。秋已凉,翩翩的羽蝶孤独地飞过,难免有些落寞的美。

蝴蝶,法文的拼写是"Le Papillon",如果不赋予蝴蝶任何意义,它只是田野山间自在飘飞的精灵之虫。但它偏偏有传奇的色彩,一只丑陋的毛虫经过漫长的蜕变，终于羽化成蝴蝶模样。对岩井俊二来说，美丽的燕尾蝶，蜕变于最残酷黑暗的人性社会，"生活的不易、可以邂逅的忧伤和欢喜，似乎全在那一只燕尾蝶扑扑闪闪的舞动中了"。现代社会里的人，任何的挣扎与拼搏，都是为了更好的生活，换句话说，追逐金钱所能带来的安全与满足，地位与财富。在这样的追逐和挣扎里，很少会有人在午夜梦回，或者一个美丽的黄昏，突然想到超越金钱的东西，比如爱与意志。

岩井俊二拍了一部《燕尾蝶》，经历生死挣扎和炼狱般磨砺的少女终于褪去丑陋的虫茧，但是却依然不能改变残酷的逆境：也许这世上有幸福的乐园，但是没有人去过那里。人死之后灵魂升入天空，但是刚刚触碰到天上的云彩，就会化作雨重回人间。这是人们美好的幻境，并不是现实。

其实，我很不喜欢看这样残酷的东西，并不是为了逃避。东方，尤其日本是一个悲观的民族。只

浮生

是看太多的残酷，人总会忘记美好的东西。就如我们的生活，日复一日，年复一年，习惯了的日子，往往会忽视很多磨砺之外的东西。

如是，法国导演菲利普·木勒拍了一部《蝴蝶》，温暖、干净、细腻、感性、美好，没有爱情和戏剧性的佐料。一个多小时的片子，温情自在，满目青山夕照明，自然总是最具疗愈的环境。

单亲家庭的小姑娘艾尔莎，有一个并不知怎样关爱她的母亲。一个并不快乐却努力快乐的小孩子，总是想快快长大，好摆脱童年的灰色。中年丧子而踽踽独行的老人，总惦记对儿子未完成的承诺，一直在寻找他眼中最美丽的伊莎贝尔蝶。

一老一少就此踏上寻蝶之旅，艾尔莎明澈而天真的心灵，像机灵活泼的小雀，温暖了老人封闭的心扉：

"你给我讲个故事吧！"

"我不会讲故事。"

"不会讲故事算什么老人?那你就编一个吧。"

他编了一个神话故事给艾尔莎,配上绘声绘色的幕布手影。贪婪的人类和动物一样,死后去了美好的仙境,因为上天懊悔只用了七天来创造世界,假如他用两周的时间,一切便都不一样。

真的不一样吗?

有人说:"当一个人肚子里装满了故事,他就老了,在剩下的日子里,他唯一能做的,就是给孙女讲故事。老人的心,就像一颗经历了春夏秋冬、风风雨雨而成熟了的果实,坚硬的外壳里装满了故事的种子,这些熟透的果实挂在枝头,刮风的时候,果实坠地,种子撒落一地,到了春暖花开的时候,故事随风飘荡,遇到像春天般明净纯真的心灵,这些故事的种子就生根发芽、开花结果。"

世界上很多成年人,总是忘记生命的意义,他们只记得在世上的争夺和拼杀,有时出于无奈,有时出于野心。探索生命与爱的意义的往往是孩童和

浮生

老人。孩子纯真，对世界充满好奇，他们相信故事里的美好，直到长大成人才发现童话里的美好都是骗人的，就此开启烦恼之旅。老人垂暮，已经接近生命的尾声。回眼望，是非成败转头空。他们的时间嘀嗒嘀嗒，还足够缅怀和沉淀人生的意义。

这就是生命，最初和最后，才距离真正珍贵的东西最近。

蝴蝶飞不过沧海，谁能忍心责怪？美丽的伊莎贝尔蝶，生活在终年白雪皑皑的阿尔卑斯山脉，只有三天三夜的生命。那是它三天三夜最美丽的时光，而它只在黄昏的时候飞过，如果错过了黄昏，你就不会再和它邂逅。但是传说，见到伊莎贝尔蝶的人最终会实现心中的愿望。

艾尔莎毛手毛脚惊走了伊莎贝尔蝶，但是却有一只同样美丽的伊莎贝尔蝶在老人的蝴蝶屋里破茧而出。走了那么远的路去找的蝴蝶，其实就在身边。

我想起小时候看过的一部小说《金色耶城》：

据说在这世上有一扇金窗。能找到金窗的人会获得圆满的救赎。人们穷尽一生寻找的金窗，却是自家的窗子，在阳光下闪闪发光。

命运的救赎是什么？真的是金钱与地位么？真的是挣扎在世间灰色的人生么？无论怎样的磨砺与困境，真的会让一个母亲忘记对孩子的爱是需要表达的么？或者会让一群生活在东京的外来蚁族，拼死相杀么？

李碧华曾经尖刻地说："大概一千万人之中，才有一双梁祝，才可以化蝶。其他的只化为蛾、蟑螂、蚊子、苍蝇、金龟子……就是化不成蝶。并无想象中的美丽。"

美丽的燕尾蝶，破茧而出之前，却真的是丑陋的毛虫和蛹。无论怎样艰难的环境，只要它能破茧，便褪去丑陋，成就惊人的美丽。

众里寻他千百度，那人却在，灯火阑珊处！于蝴蝶，于人类，最珍贵的东西，不也一样么？

浮生

春梦了无痕

早起读苏东坡,看到他头上顶个大西瓜,边走边唱,春梦婆笑他:"从前你做大官的日子,像不像一场春梦啊?"

南老师说苏东坡未彻悟,我悄悄告诉你,别不信,苏大人前世今生,皆是了悟之人。还怕老师喝我乱说不成?

那些问我是否安好的朋友，不一一回复了。我蛮好的嘞，有事忙无事忙，心不忙。

苏大人的妹妹苏小妹，新婚夜三难夫，民间有个传说就叫苏小妹难夫：

日落吟诗月下歌，逢场作戏笑呵呵。相逢会遇难藏避，唱彩齐唱连理罗。

与苏轼亦师亦友的黄山谷，文采盖世，他写的"桃李春风一杯酒，江湖夜雨十年灯"在我五岁时读过的唐宋诗词里是顶顶好看的，记到现在。才华横溢的黄山谷君，据说悟性极高，闻木犀香就了悟人生的真谛。

苏子有首诗我很喜欢："东风未肯入东门，走马还寻去岁春。人似秋鸿来有信，事如春梦了无痕。"

当年，有人要我写信给一位大师，苦口婆心，我耐不过这盛情，改了《卜算子》的两个字，发过去：不是爱红尘，似被前缘误，花开花落总有时，不赖东君主；去也终须去，留也终须留，待到山花插满头，

浮生

莫问奴归处!

很多人都说不明白我在说什么,实际上前前后后的因缘都在里面了。

大师起初是恼我的,但是后来还是感叹说:"何时燕归来?"归,不归;缘,非缘。

前事后事,不是早就说明白了么?

古人的风雅,在于深知进退与阴阳平衡,曲径幽深,内外有别。中国人大都喜欢有个自家的园子,无论在外面有多么辛苦,到了自家的园子里,就好似回到了自己的小世界。

——《造园》

人生的代价，大抵如此。要做很多现实的事，才能换来理想的一刻。

——《浮生》

心清

康德说:"我尊重每一个独立的灵魂,虽然有些我并不认可,但我可以尽可能去理解。"

庄子写《秋水》:井蛙不可以语于海者,拘于虚也;夏虫不可以语于冰者,笃于时也;曲士不可以语于道者,束于教也。

天下之水,莫大于海。万川归之,不知何时止

浮生

而不盈;尾闾泄之,不知何时已而不虚;春秋不变,水旱不知。

物,量无穷,时无止,分无常,终始无故。是故大知观于远近,故小而不寡,大而不多,知量无穷,证向今故,故遥而不闷,掇而不跂,知时无止;察乎盈虚,故得而不喜,失而不忧,知分之无常也;明乎坦涂,故生而不说,死而不祸,知终始之不可故也。计人之所知,不若其所不知;其生之时,不若未生之时;以其至小,求穷其至大之域,是故迷乱而不能自得也。

此谓之"心清"!

端午

中国有那么多节日，我最爱天地清明的气候，但却最喜欢端午。初夏的端午，是情绪最平和的日子，不像中秋，总有点月满即亏的感伤，亦不似春节，忙碌中总难逃光阴似箭：又是一年了啊。

哥哥在端午来看我，带了小时候爱吃的绿豆糕和粽子。小时候我是个有些挑嘴的孩子，饺子只吃

浮生

素馅的，绿豆糕也只能用素淡的植物油调和，父亲做的桂花汤圆，若掺了一点粳米，便能吃出来。心灵手巧的母亲，每年的端午，总给我做精致素雅的香包。粽子即使可以买，她也总是要手工做，新鲜苍翠的粽叶，蒸得热气腾腾，散发着粽叶清香。

端午，天气刚刚开始热，却又不至于热得毒辣。午睡起来，吃点生津的西瓜，喝一小碗冰糖绿豆汤。有时候妈妈还会用五彩的丝线，编织一个漂亮的小兜，里面放一个煮好的彩蛋，给我留在桌子上。

中国人，总有细巧的心思，哪怕时间匆忙，也总是要花些时间做些精致的物件儿和吃食。即便距离故土遥远，也总想要把曾经的传统，细致又无痕地传下去。

今年的端午，和某国的"纪念日"是差不多的时节。后者，总不如端午那样，有丰富细腻的感触。人们庆祝纪念日的烧烤和旅行是明亮愉快的，像一个愉快的短假，但是却少了很多悠长的回味。

端午

在朋友圈看到心灵手巧的小季老师晒出来她手工做的香囊,让我想起端午时母亲给我做的同样美丽的锦囊。生怕贸贸然给人添麻烦,便留言问可不可以买一只,她很愉快地答应送我一只。心灵手巧的人,做出来的东西,也是美丽雅致的。

但屈指西风几时来,又不道流年暗中偷换。我的哥哥,曾经是剑眉星目的翩翩少年,娶了嫂嫂,又做了父亲,脸上已经褪去了少年的光彩。他是父母最爱的孩子,也是最疼爱我的兄长。多年过去,他还依然记得端午时节,我最爱吃的食物,亦不忘顺手捎回酸甜的杨梅。

浮生

求婚

邻居小娃来做客:邻居要出门,放下她儿子在我家。吃了点心,岁月静好之际,小帅哥突然问:"我长大以后可以娶你么?"

"谢谢,可是我不愿意嫁给你呀。"

"为什么?"

"你学校里没有喜欢的女生么?"

"女生就是麻烦。她们太吵,情绪化,还喜欢吃醋……"

"万一我也很吵,情绪化,还喜欢吃醋呢?"

"才没有呢,我妈妈说你很低调也很讨人喜欢。"

我忍住笑:"所以你想和我结婚就是因为我低调?"

"因为我爱你。"

"你爱我什么呢?"

他想了想说:"你很有趣,长得挺美的,脑子挺聪明。"

唔,千穿万穿马屁不穿。

"哪天我变成个大笨蛋了,你就不爱我了么?"

"爱的。"

"那你怎么知道那是爱呢?"

"就是知道!"

"好吧。"

"所以,你会嫁给我吗?"

浮生

"嗯,这是个严肃的问题。我要想一想。"

"但是你不能想太久,不然我就会难过。"

"好吧,那等你将来长大了,还想娶我的时候,我可以考虑嫁给你。"

"一言为定?"

"一言为定!"

他乐颠颠地掏出最喜欢的巧克力豆送给我。

阳光灿烂,秋色宜人,出去和小朋友散散步,希望他长大了遇到一个品貌相当的美丽姑娘,幸福一生一世,愿有岁月可回首,且以深情共白头。

虽然不当真,突然对刚才敷衍他的承诺有些内疚。

哎,多情总被无情恼……

少年锦时

我喜欢赵雷的《少年锦时》，还有他歌声里对青春纯净的怀念。我喜欢春末的五月和五月里淡雅的槐香，还有缤纷的落蕊，落在肩上轻微的触痒。

赵雷怀念的青春，还没有咖啡馆和奢侈品商店，只有爬满青藤的房子，秋天的柿子树，钟声敲响的日落，还有少年忧郁的白衬衫，以及情窦初开时羞

浮生

涩而简单的爱情。

少年不知愁滋味,即使忧愁,却青春似酒,澄明如泪。

有人说,我们不是喜欢听一首歌,而是喜欢一首歌承载的记忆。

在成人的世界里重新回味少年锦时,也像五月的黄昏,吹面不寒杨柳风。岁月是一面滤镜,回忆的时候总是带着温暖的光晕。

只是,我并不喜欢回忆过去,更不喜欢工愁善病,但是却并不代表要封闭敏锐与敏感的知觉。昨天和一个朋友聊天,说到写《葬我于雪》时恰恰是十八岁。那天是个落雨的早晨,我坐在桌前,听着雨声,心里非常宁静,记起消夏的时日,躺在槐荫下,膝头摊一本小说,阳光从树缝里漏下来,泻在额上,一群红蚂蚁轻轻爬过脚背,带着轻微的细痒。靠窗有蜿蜒的常春藤,从檐上滴下的雨滴,润着苍翠的喉舌,雨声,幽幽地渗到土里去……

彼时十八岁，我却以为自己已经长大了，甚至对于人生之无常，也洞悉些微。然而，谁知道，那时命运实在是眷顾和保护着我，并没有让我深味真正的无常与磨难。春天的落蕊，遥远的星光，那样细致入微的记忆，每每想起，总觉得祥和美丽，绝不是岩井俊二和郭志均镜头里残酷与粗粝的青春。

也总有少年，或热烈或忧郁，羞涩表达的爱意。不管你喜不喜欢这样的爱意，却无法抵赖这是最纯净的情感，几乎没有杂质。

人们并不愿意回到物质匮乏的过往，却难以忘怀没有物质沾染的纯粹和情感。

人可以善感，但无须多愁。不能回去的时光，就在一个午后或者黄昏，恰到好处地想起来咂摸一下，便可以放下了。生命每一个阶段，自有其光辉。

青春光彩夺目，却难以匹敌逐渐成长的丰富与完善。"年年欲惜春，春去不容惜。今年又苦雨，两月秋萧瑟。"苏东坡四十五岁遭贬后写《寒食帖》，

浮生

苍凉惆怅，但落笔收放自如，潇洒至极。擅长美学的蒋勋并没有看懂，他说，《寒食帖》颠倒随意，大小不一，似乎粗拙而不经意，但却欹侧顿挫与妩媚婉转。妩媚婉转绝不是苏氏之风格，亦绝非历尽沧桑之后的格物致知。米开朗琪罗完成西斯廷教堂的穹顶，几乎成了残疾，相比他二十九岁创作的《大卫》完美无瑕的青春光彩，《创世纪》穹顶壁画之震撼人心，无与伦比。

真个是"而今识尽愁滋味，欲说还休。欲说还休，却道天凉好个秋"呀！

但无论怎样的磨砺与岁月，少年锦时永远是记忆里清新又美好的定格：

又回到春末的五月，

凌晨的集市人不多，

小孩在门前唱着歌，

阳光它照暖了西河。

……

钟声敲响了日落，

柏油路跃过山坡，

一直通向北方的，

使我们想象，

长大后也未曾经过。

少年锦时

浮生

天地清明

我最喜欢的节气，是清明，万物洁齐而清明。气清而景明，单看清明的意境，已经极美。恰恰是温暖中略带一点湿润的气候，阳气上升，万物齐巽。天地之间，真是奥妙啊。

想起有一年的清明，江南微雨，紫色和白色桐花的落英铺满了路面，雨滴落在伞上，轻微而笃定，人在伞下，神清气爽。

偶尔，翻翻《庄子》："北冥有鱼，其名为鲲。鲲之大，不知其几千里也。化而为鸟，其名为鹏。鹏之背，不知其几千里也。怒而飞，其翼若垂天之云。是鸟也，海运则将徙于南冥……水击三千里，抟扶摇而上者九万里，去以六月息者也。"

庄子隐约其中的"天机"，现代的人，是读不懂的。便是古人，又有几个人懂呢？懂的那几个人，知我者希，则我者贵，被褐怀玉，世人也是见不到的。

冥冥中的天意，又能窥探几何呢？

《黄帝内经》中对于四气调神如是说："天气，清净光明者也，藏德不止，故不下也。"天地之间的清净光明的精微之气无处不在，也无处不藏，周流不殆。说的就是清明这样的日子吧。也难怪，天气清明的日子，野外踏青，牧童遥指，像一幅美丽的画儿。

清明之神，从混沌中来。气贵清，神贵明，心地也要洁齐而清明。

  但庄子多妙啊：天地一指，万物一马。妙归妙，若是一路追下去，千江有水千江月，会糊涂的不是？

  心一清明，万物皆显。

我不介意高朋满座,也喜欢独处的自在。人生里有些极细微的感触,只能独隐显幽。但感谢那些珍爱我的好朋友,一如我珍爱你们。纵然岁月匆匆,却因为有你们的存在,所以有了别样的意义与光彩。

——《人生的"小确幸"》

这世上很多事情，原本放在心里就好了。十语九中，不如一默。人性，有温暖虔诚的一面，也有凉薄势利的一面，自心清净，才是无染。

——《偶得》

尚衣局

韩石圭拍了一部《尚衣院》,演技可圈可点,服饰还算精美,无奈剧情平乏,人物简单,我心不在焉地溜了一遍,倒是被评论吸引:

"(王室御针匠)老裁缝和小裁缝的瑜亮之争。老裁缝是勤奋型的元老,兢兢业业几十年,但是却一次次败给小裁缝,一个天赋异禀的奇才。老裁缝

浮生

怒火中烧，借王之手以谋逆罪斩杀了小裁缝。当小裁缝死后，老裁缝无意中发现了小裁缝为他做的新衣。他视之为对手欲除之而后快的小裁缝，原来却是把他当作知己。小裁缝那种纯粹的人，青史留名本就不是心中所好。"

韩国的电影向来拍得细腻，哪怕是极其细微又复杂的人性，也能刻画得极为生动。人性之恶，莫过于嗔恨，嗔恨之中，莫过于妒。东方属木，木喜竞争生发，于身体对应肝，嗔恨最伤肝，所以东方人，多肝胆之病。

西方人也不能幸免。据说像阿波罗一样俊美的拜伦，看到了济慈天籁一样的诗，知道后者的才华远超自己，于是悄悄压制济慈。但是那个27岁即夭折的天才，依然名随逝水。

田螺姑娘问我："你为什么不会妒忌呢？"

我对她说："嫉妒只有两个含义：一、对自己不满意；二、其实是对对方最大的认可，其实和被嫉妒的那一方完全没有关系。"

她点头:"是这么个理儿。"

我若是老裁缝,遇到这样才华横溢的后辈,必尽心提点和成全。很多时候,成全别人,是更高层次地成就自己。我若是导演,必然让小裁缝居于庙堂之高,回到江湖之远,而不是被砍了头。俗世里的导演嘛,不用个悲剧,不足以震撼人心,也可以理解。

人生浮华弹指过,知己本难得。道理见仁见智,简单的数学总是会做的:1+1=2,1-1=0。老裁缝最终的下场毕竟凄凉。

沉舟侧畔千帆过,病树前头万木春。然而,方生方死,方死方生,循环不已。对他人的成全与欣赏,反而会种下真正的福田。妒忌的嗔恨之心,为五毒之一,嗔心一转,就是照天照地的大圆镜智。

有个朋友问:"美好的人性在哪里?"

人性半善半恶,如阴阳半黑半白。阳魄在阴,

浮生

阴精属阳,阴阳和合,是为太极。所以,代表东方智慧的太极,永远是不带凌厉的杀气,却可以四两拨千斤。无极生太极,阴滓炼尽,便是纯阳。纯阳之体,便是太极,返归混沌,才是真人。老子曰:"知其雄,守其雌,为天下溪;知其白,守其黑,为天下式;知其荣,守其辱,为天下谷。"博大精深的修养功夫,这一句,就说完了。

生而为人,究竟应该怎样才不至于浑浑噩噩地糊涂一生?老子的话已经透露了人生的真理,剩下的路自己走咯。但是说得这么直白也没有用。道理谁不知道呢?那也未必哦,不明理的人也很多。好比各行各业的宗法,薪火相传,纵然传了口诀,但是其中需要拿捏的火候,却是谁也教不了的咯。

《晋书》中有"莼鲈之思"的典故:"张季鹰辟齐王东曹掾,在洛,见秋风起,因思吴中菰菜羹、鲈鱼脍,曰:'人生贵得适意尔,何能羁宦数千里以要名爵?'遂命驾便归。俄而齐王败,时人皆谓见机。"说的是古时张翰（季鹰）是齐王的东曹属官，在首都洛阳，见秋风起而思念家乡吴中的菰菜羹和鲈鱼脍，于是辞官归乡。不久齐王落败，于是人人称赞张翰有远见。但实际上，张翰辞官归乡，还是不愿心为形役，不愿为名利所累。"莼鲈之思"或者只是个借口，其实不过是为了山林之间的自在。庙堂之高和山林之远，究竟是无法调和的罢。小裁缝深谙此道，老裁缝却迷途深陷，最终酿成大错。

哎，过尽千帆皆不是！

浮生

嫦娥奔月

有段时间没有看到顺顺了。听说孩子画了一幅仙女图。在大人眼睛里画得丑丑的仙女,在顺顺那里却是美美的。

顺顺妈妈强忍住笑,问:"这是谁啊?"

顺顺说:"仙女啊。妈妈你看像不像默蕾?"

妈妈给我学舌:"实话说那个仙女,画得真不太好看,不知道他怎么会想着画一幅仙女,但他觉得像你,很美,还说你像嫦娥。哈哈哈。我家俩娃都很喜欢你,说你好看,很温柔。"

我说:"小孩子嘛,觉得亲近和温暖的人,就是美的。"

最理解体贴的妈妈,精心地装裱了这幅画,拍了一张顺顺抱着画的照片,说等我方便的时候,让孩子送给我。抱着画的顺顺,长高了不少。我看到那张妈妈说的丑丑的画,觉得一点也不丑。仙女身上穿着深蓝色和粉色的长裙。那是顺顺记忆里,我穿过的颜色。

在一个孩子心里,除了最爱的妈妈和奶奶,还留了一个位置给他觉得温暖的人,我也觉得很温暖。

浮生

爱的次序

数天前,六岁的小当又病了,妈妈带他来治病。

小当病的第一天,小脸发黄,咳嗽发烧喉咙痛,吃不下东西,依偎在妈妈的怀里不肯治疗,可怜巴巴地看着我:"会痛吗?"

我说:"不痛哦,但是你不治疗,嗓子会很痛呢。来,我保证轻轻地,肯定不会弄痛你。好不好?"

他琢磨了好一会儿,终于信任地点点头:"好!"

刚治疗完,他就嚷着肚子饿了,要回家吃饭。背着手走到门口,又回头看我一眼:"中医也有好有坏,对吧?"

我摸着他的小脑袋说:"嗯。小当乖,一会儿自己走回去好不好?妈妈上了一天班,很累了,不要妈妈背你,可不可以呢?"

他眨巴着黑黑的眼睛,郑重地点了点头。

真是个心疼人的好孩子!

小当来的第二天,妈妈要上班,姑奶负责送他来。他的烧退了,虽然还有些咳嗽,但是精神抖擞,大人们说话,他总是脆生生插嘴:"啊,什么意思?"不肯被忽略。

他和我说起"爱的次序",心里占第一位的是妈妈,然后是姑奶,认真想了想,看着旁边的姑奶,改口说:"妈妈和姑奶第一位,默蕾占第二位,奶奶占第三位。不对不对,我再想想。"

浮生

等他重新排了序,我问:"哥哥呢?"

他的脸色突然暗下来:"哥哥最后一位。"

"可是哥哥把你排在第二位哦。"

"哥哥有时候会欺负我。"

"是不是一起玩的时候呢?"

"对呀。小时候他欺负我,把我压在沙发上,差点把我压死。"

"哥哥不会压死你的,哥哥很爱当当的。"

他不说话了,眼睛里带着怀疑。

我摸了摸他的小脸蛋:"你看,小当,你第一次看到我的时候,认识我吗?不认识,对吧?你会爱我么?"

他说:"不会。"

"那现在呢?"

他点点头。

"哥哥也是一样咯。小当生下来,他不知道你是他弟弟呀。可是等他知道你是他弟弟了,就很爱很爱你。你记不记得妈妈说,你小时候病了不肯吃药,爸爸和妈妈很着急,一定要你吃药,哥哥看到你在哭,冲上来护着你说:'不要逼他吃药了!'"

他又点了点头。

"所以,哥哥爱不爱你呢?"

"爱!"

"对咯!"

他闭上眼睛想了想,宣布:"嗯,现在,所有的人在我心里,都是第一名,并列第一,哥哥也是第一名。"

然后,像放下一块大石头一样,开心地舒了一口气。

临走的时候,姑奶说:"小当啊,你怎么谢谢默蕾呢?"

"给她钱!"

姑奶说:"人家不要钱。"

小人儿豪爽地大声说:"那就给她两亿钱!"

浮生

据妈妈汇报,小当回家说:"妈妈,我今天在默蕾家听课了,做人一定要善良,要爱护小动物,不要伤害别人……哎,算了,你听不懂,我去做作业了!"

谷雨

谷雨一过,春天就要尽了。我常常想起前年的清明,微雨中紫色的桐花落了一地,走在路上,尽量不去踩踏这春天的落蕊。

这两年,人声渐远,纵然仍然难免人事的来往,但似乎也并不能过多地影响我的心境。总有人说,人要耐得住"孤寒贫露",但放眼望去,皆是热闹

浮生

一片。但热闹是别人的事,和我并没有多大关系。而我也不觉得他人的热闹,有什么不妥,所以并不排斥这种热闹与红尘里的喧嚣。

我在人群里,并非不合群;独处时,也不觉得孤单。春尽花残青杏小,只是错过了这春光与花开,有一点点小遗憾。

红尘

林语堂说:"孤独两个字拆开,有孩童,有瓜果,有小犬,有蚊蝇,足以撑起一个盛夏傍晚的巷子口,人情味十足。稚儿擎瓜柳蓬下,细犬逐蝶深巷中。人间繁华多笑语,唯我空余两鬓风。孩童水果猫狗飞蝇当然热闹,可都与你无关,这就叫孤独。"

看了不觉莞尔:世间的人写世间的寂寞愁肠,

浮生

也能写得这样热闹。孤独两个字,拆出来一幕幕热闹的烟火气儿。出世的人怎样写呢?

想起上次和一个朋友散步,她指着夜色中的天空说:"今夜的天空怎么红昏昏的?"那就是红尘呀。

世间草木皆美。

——《只手之声》

孩子纯真，对世界充满好奇，他们相信故事里的美好，直到长大成人才发现童话里的美好都是骗人的，就此开启烦恼之旅。老人垂暮，已经接近生命的尾声。回眼望，是非成败转头空。他们的时间嘀嗒嘀嗒，还足够缅怀和沉淀人生的意义。这就是生命，最初和最后，才距离真正珍贵的东西最近。

——《燕尾蝶》

常玉

头很痛,却恰好看到常玉的画。

百度上常玉的简介如是:常玉,本名常有书,1900年10月14日生于四川顺庆(南充市)的富商家庭,1910年即与赵熙习画,长于书法的他,1917年入上海美术学校就读,1919年常玉与徐悲鸿、林风眠以留法勤工俭学的方式前往巴黎,并于1919年

浮生

赴日时在东京展出其书法作品,而获当地杂志刊载推荐。常玉自20岁(1920年)赴法勤工俭学到巴黎,至65岁辞世,大致都住在巴黎。此后,他的作品经常在沙龙及各大画廊展出。1938年他曾短期回中国,接着转往纽约,在该地生活了两年。并于1948年在纽约现代美术馆展出作品。该馆同时印行"瓶花"的彩色明信片。1948年返回法国,直至1966年逝世于巴黎。

哎,被称为画坛异数的常玉,才活了65岁,生于清末四川的一个富贵家庭,20年代去往巴黎——去赴那席"流动的盛宴"。但直到最后,贫穷孤独地死于巴黎一个煤气泄漏的早晨时,常玉都未曾起身离席。除了家人去世短暂回国,一生旅居国外,被追认成一幅画上亿的著名画家那都是后话。

看到常玉,难免想起和他一样赢得死后名的凡高。但常玉的状况比凡高好太多,出身富贵的人早年总不太容易把钱当回事,若是有艺术气质,多半要在势利的人间受苦。

在2006年4月香港苏富比的春拍会上,常玉的油画作品《花中君子》以2812万港币成交;同年11月,他的《青花盆与菊》的价格被抬到了5330万港币;2011年5月30日,在罗芙奥(香港)举行的"现代与当代艺术"专场拍卖中,常玉的《五裸女》以1.28亿港币(约合1.07亿人民币)的价格刷新了华人油画最高成交纪录,成为最昂贵的一幅华人油画。

然而常玉生前,却没有这样的盛名。即便是在国际上有影响的画家,但是他的日子大半潦倒。除了个性不羁,他心中对于金钱没什么概念。自兄长去世后,家道中落,他从不愁吃穿的公子哥儿,沦落到一贫如洗,颇受了很多苦。生活如此艰辛,他曾经勉为其难地做陶器卖钱,也干过以商补艺的生计,还曾在巴黎和柏林从事过宣传体育事业的活动,但都没有多大的收效。

浮生

看过常玉中年的一张小照，环抱着双臂，面目有些迷离和不知所措。他曾经是轻狂豪放的，从不拒绝各种宴请而常常拒绝卖画。人家请他画像，他约法三章：第一，先付钱；第二，画的时候不要看；第三，画完拿了就走，不提这样那样的意见。同意这三个条件就画，不能实行这三个条件就告吹。能满足他这样条件的画商，大约很少吧。

少年得意的人，最怕中年潦倒。中年的常玉画了一幅画：一只小象在沉沉背景中奔跑，即将消失在莽荒。常玉对朋友说："那只孤独的小象，就是我。"我见过那幅画，深褐色和大片柠檬黄的底色里，只有一只孤独奔跑的小象，小小一只，仿佛即将被黄沙吞噬，十分苍凉。

不知是四十不惑，还是五十知天命的年纪，常玉终于开始了沉静的蜕变。他的静物画得很好，线条简洁生动，色彩柔和，构图绝不复杂。

他喜欢女色的美，画了无数的女性身体，线描的功力实在太好,别人用炭笔画,他用毛笔,看上去有点铁线银钩的力道。但我不喜欢他卖了上亿的裸女图,我喜欢他笔下的小写生。柔美粉嘟嘟的桃子衬一簇黑色的浆果,忍不住要琢磨下那是黑提子还是黑桑葚。线条圆滑的小鹿垂头喝水,整个身体都是浸润在粉色中,很温暖。高远的空中,一只独自翱翔的鹰,实在有些孤独。

浮生

路畔的蔷薇

那天看一篇写花的物候志，写得很好，虽然难免有些小女子的情怀，但文字却颇有格局。

她说："这世界上应该也没有比'蔷薇'更美的草木名字了吧？其实最开始它还没有这么美，《神农本草经》里，是把它写作'墙蘼'的，因其藤蔓柔靡，顺墙而生，故得名。后来，人们可能嫌'蘼'

字不够柔丽，就改成了形近的'薇'字，据说是因为蔷薇叶片似薇，而后，为求工整美观，又把'墙'改成草字头，造出了'蔷'字，于是有了'蔷薇'这么个风华绝代的好名字。"

文字是有容颜的。因为世界上的一切，经过文字的展现，便别有了意义和味道。这世上的女子，常常是爱花的，还有很多是善于种花的，我的芳邻中就有好几位"花仙子"。一个爱花的人，想必也喜欢一切如花一样美好的东西。

独阴不生，孤阳不长。阴阳平衡，才是地天泰和。我很欣赏那些能把鲜花写得如此丰富的人。世界是美好的，所以黑暗给了我们黑色的眼睛，却是让我们去寻找光明。

我喜欢，那些美好的人和事！

浮生

永远和你在一起

在地铁上,有个女孩子拿着一张纸,上面写着她是一个聋哑人,兜售自己做的小编织玩意儿,东西很粗糙,价格是5元一个。她在每个人跟前站住,几乎没有一个人理睬她。但是,当她朝我走过来的时候,我知道自己没有办法做到铁石心肠。她的玩意儿里面有一个是一对小人在一起。我指了指那个,那是最后剩下的样品。小人的脸歪歪扭扭的，眉毛和眼睛也是匆忙潦草地画上的。显见地，画的人没有心，只想赶快把脸画完。两个小人的身体并联着编织在一起，他们的身体中间没有缝隙，身体两侧各有一条手臂。可是他们好像还是很快乐的一对。即使两张脸是歪歪的，看着对方的时候仿佛还是充满了爱意。风吹过的时候，互相用手臂撩拨一下对方。只要不人为地拆散他们，他们就会永远在一起。可是，我忘记了，把他们编织在一起的也是人呢。

地铁上的众生百态，最值得回味的还是一对对的情侣。他们的亲昵，让人很难怀疑爱情会有那么多痛苦和创伤。看张爱玲的《倾城之恋》，范柳原说："生死与离别，都是大事，不由我们支配的。比起外界的力量，我们人是多么小，多么小！可是，我们偏要说：'我永远和你在一起，我们一生一世都别离开。'好像我们自己做得了主似的！"

人就是这样，一生一世都困在这样的矛盾里。

浮生

即使是倾心相爱的人,也会慢慢地磨平了曾经的深爱和眷顾。曾经在半夜里听到对方的声音也会怦然心动,曾经以为只要和他在一起,连时间都可以静止的快乐,渐渐地被更新鲜的刺激代替。剩下的,只有一道道伤痕横在心里面,再也没有完美的心境。即使所有的爱情都是千疮百孔的,可是有的人放得下,有的人放不下。有的人总相信会有更好的果子、更好的花,或者在得到之后,不再留恋拥有的爱。人是喜新厌旧的动物。千金纵买相如赋,可是曾经的深情和爱,大概是不能回来了。所谓的永恒,不过是遇见更好的之前,人类误信的东西。

看李碧华的《青蛇》,从来是许仙胜白蛇:"太玄了,缘来,不相干的两个人走在一起。她当初不过碰到什么是什么,谁晓得是他呢?如果是另一个男人……何以选中了他?是的,无论如何,人人都被动,做不了主。""世上有许许多多的人,陪着回家的,只能有一个。发生了任何大事,传宗接代,生死攸关，也只能有一个。只能仍是他。这是凄酸的一回事，究竟还有点渺茫。男人爱女人，也是在一段特定的日子里罢了。她不是不明白的。只因为新鲜哪。那些温柔软语，那些风花雪月，那些雨丝和眼泪，那些'爱情'，原来因为幼稚！人的心最复杂，复杂到它的主人也不了解。至少，演变成一种幽怨，无奈的倔强。到头来都是空虚。"

对于世情，残局已是定局。

浮生

好吃不过饺子

我爸爸是典型的江南人,无米不欢,而且一定要吃香糯的米饭和粥,做菜讲究精致,衣着更是考究。可惜他年轻时候除了"细致"的皮肤之外,高鼻深目,身材高大,并不像江南人。我时常取笑我老妈,说她之所以能和我那"挑剔讲究"的爹爹过到一起去,必然是为"色"所诱,看中了某人当年的"玉树临风"。这话常在我妈妈面红耳赤的分辩中开始，在我的取笑中变成僵局，最后由我爸爸出来打圆场，说当初我亲爱的妈妈的追求者绝不少于一个加强连。

话虽如此说，到底我妈妈为什么会在婚后突然从什么都不会的大小姐变成了心灵手巧的"媳妇儿"，还是和某人的挑剔讲究有关。比如，我爸爸不喜欢吃面食，但是却对我妈妈做的面食情有独钟。我爸爸年轻的时候和我一样，最不喜欢吃面条。最多就是把面条上的浇头吃了，曰"一堆糊涂面有什么好吃"。于是我妈妈就特制了筋道的手擀面，配上切碎的黑木耳、小香菇、碧绿的香菜末儿和葱花，还要加上嫩黄的荷包蛋，然后还要放一勺喷香的小磨香油调味。这面条是我爸爸生病时最爱的特供病号饭。小时候，看着他眯着眼睛，喝光最后一口汤，碗里干干净净的不落一点面条，就觉得妈妈是万能通天的角色，什么都能做得很好吃。

当然，她也有犯难的时候。我随了我爸爸，不

浮生

爱吃面食,即便偶尔吃个饺子,也得是素馅儿的,带荤腥的饺子不愿意沾。那时候其实已经有了机器制的饺子皮儿,但是我妈妈喜欢亲手擀皮儿。她和面、揉面的时候,我跟着在旁边瞎起哄,弄一块面团玩得十分起劲儿。不过有一点我始终弄不明白,为什么我妈妈擀的皮儿一个个大小一样,边缘整齐光滑得比机器压出来的还要完美,又为什么经她手包过的饺子皮薄馅鲜,饺子褶都精致得好像是模子刻出来的。我只记得我大约也就能拿着我妈妈抽屉里那个雕花模子扣点小点心出来。每到这时候,我妈妈就会用沾了面粉的手指头点在我的鼻尖上说:"不能只会吃,还要会做。真是个笨孩子。"

时光荏苒,现在我妈妈矢口否认她当年说过我笨。她抵赖说:"你这么心灵手巧,我怎么会说你笨。""心灵"这话她是说过的,"手巧"确实是近年来她才肯给的称赞。但是,我妈仍然对我当年包不出精致的饺子耿耿于怀,她斥责我包的那饺子简直像老太太的小脚儿，一点儿不好看。至于和面擀面皮，用她老人家的话说，你哪有那闲工夫。我不以为然，因为我对于水饺本来就不那么钟爱。但是，常听人说，好吃不过饺子……

　　有一天我从超市拎回一小袋面，本来想做点别的，最后却切实地落在了饺子上。和面没做过，网上查了下，然后打电话给老妈落实，然后擀面，将面擀成长长的一条，转着圈儿切成均匀的小面揪儿。中间醒面的时间，已经拌好了韭菜鸡蛋虾皮馅儿，切菜的时候，韭菜特有的清香从鼻子一直钻到胃里去。凭良心说，我第一次做出来的饺子虽然不如我妈妈的工艺饺子那么完美无瑕，但是样子绝对比超市的饺子好看多了。说也奇怪，小时候看着她包饺子的动作，利索地用左手的食指一顶，右手两个指头一捏，便出来一个个精致的百褶，虽然没有实践过，但是做的时候却完全历历在目，如有神助。饺子包好了。数了下，一共四十一个，吃不了还可以冻起

浮生

来以后解解馋。然后又弄了一小把香菜，准备配点香油、生抽和香醋佐餐。

但是，我仍然犯了老爹的忌讳，我准备在吃完饺子之后，来一小碗冰糖银耳化食。耳边仿佛传来他的不满，冰糖银耳怎么能和饺子一起吃？唉，山高皇帝远，管他呢。要说饺子，还是自己做的最好吃了，但是我不厌其烦地准备，恐怕一年也难得有一回。冬至还没到，我提前吃了饺子。《后汉书·礼仪志》中有这样的记载："冬至前后，君子安身静体，百官绝事，不听政，择吉辰而后省事。"那么，就算是提前安身静体吧。

寒食节也,这淡荡春光眨眼即逝,一转眼,江梅已过柳生绵。

——《玛德琳小点》

地铁上的众生百态,最值得回味的还是一对对的情侣。他们的亲昵,让人很难怀疑爱情会有那么多痛苦和创伤。看张爱玲的《倾城之恋》,范柳原说:"生死与离别,都是大事,不由我们支配的。比起外界的力量,我们人是多么小,多么小!可是,我们偏要说:'我永远和你在一起,我们一生一世都别离开。'好像我们自己做得了主似的!"

——《永远和你在一起》

微小的尘世间

我喜欢独处。

可以浪漫如仙子,也可以懒惰如小猪。

独自消遣时光。

不畏前尘,不念往事。

我的人生态度是:于高者不卑,于低者不傲,不管他人的闲事,不介入他人的因果,不显示任何

浮生

的优越……

我很喜欢一位已经作古的圣贤,所以当他说:"憨憨呆呆老冻脓,颠颠倒倒可怜生。走遍天涯寻知己,未识若个是知音。"明知道他说的是大道,我还是有点心疼。

在微小的尘世间,生于斯,安于此,有寂静的时刻,有喧闹的际遇,微小的孤独,微小的澎湃,微小的分享……

是为"不枉此行"。

门口的猫咪

我从来就不喜欢宠物,也不喜欢亲近它们。原因并非我很冷血,而是我其实心里很害怕。小小的动物都似乎拥有比我更强大的力量,吠叫的狗儿、张牙舞爪的猫咪都足以吓我一跳。当然,除了有些胆小,我容易过敏,更有洁癖,看着小动物也不免会联想起它们身上的小小动物。所以,我不碰宠物,

浮生

更不要说养宠物。不过小动物似乎并不害怕我。有几次，流浪的猫咪在我取信的时候跟着我，它眼巴巴地亦步亦趋，睁着迷茫的大眼睛。我停下来，远远地摇摇手。把这样的猫咪带回家，是我想也不曾想过的事情。后来，接到小区物业管理的公开信，大意是要求大家不要喂这些猫咪。我也会叹口气，要是不喂食这些流浪的小动物，万一它们死了怎么办呢？

话虽如此说，春天一过，小区里的猫咪队伍开始壮大起来。原因是多了几只刚出生的小猫，其中两只是黄白相间的，很是活泼，动作也很迅捷。它们的妈妈是一头长尾巴的黑猫，有时候幽灵般从灌木丛中缓缓地走过。虽然一直没见过两只小猫的父亲，但是并不影响它们的成长。后来我又见过一只麻色的小猫带着它的小宝宝散步，这两只小猫似乎很喜欢我家的后院。我经常看到它们在小棕榈树上扑腾，有时候还会试图爬到我挂在小白杨树上的兰花盆里。

有时候它们会在阳台门外瞪着大眼睛看着我,蹭到门上的窗纱又似乎很疑惑的样子。嗨,我从电脑上抬起头看看它们。于是,两只小猫摇头摆尾地走掉了。

但是有这样一个周末的早晨,我突然看到这两只执着的小猫腻在门口不肯走。过了好半天才明白原来是因为酱香银鱼的味道。假如,你能够看着一双,然后又一双渴望、无辜、可怜巴巴的大眼睛——猫的眼睛,还能吃得下早餐,那可真的是冷血了。我几次把小鱼送到嘴边,终于放弃。然后,我做了一件我以为我永远都不会做的事情,我拉开了阳台门,喂了它们一点小鱼,一块鲜香的米饼。然后,几乎是决然地拉上了阳台门。两只小猫欢天喜地地争来抢去,舔着嘴唇,然后懒洋洋地在阳光下晒着太阳,一只小小的苍蝇飞过去,它们就竖起耳朵,敏捷地扑过去。我想,也许有一天,我可能也会养一只,或者两只可爱的猫咪……

浮生

乡愁的味道

我绝不是一个美食家,也算不得热爱厨艺。但是却并不反感"食不厌精,脍不厌细"。这个大概要归功于我那个讲究完美、追求细节的老爸。我爸爸做饭讲究排场,非到家里来贵客不下厨:各样的碟子碗儿、各式的锅盏都不能混了。譬如这个汽锅鸡,热腾腾地上了桌,盛出来的时候更是要色香味俱全;水果羹的勾芡，他一定要用藕粉，理由是更细致。我妈妈长得像典型的江南人，但却是地道的北方人。她擅长的并不是南方菜，而我那生长于江南水乡的爸爸却有一个不能迁就北方菜的胃。因此很多时候，我爸爸只好自己下厨解馋。

南方人都喜欢吃米粉做的点心。我爸爸居然舍弃现成的水磨糯米粉，不知从哪里折腾了一个小青石磨盘。从此他经常用这个小磨盘磨糯米粉。磨好的糯米粉须沥去水分，加入各色的芯馅，搓成汤圆吃。可是我爸爸的汤圆，豆沙馅不能加猪油，因为太腻；芝麻馅要用炒香了的芝麻（不能炒糊），花生馅要甜咸适中。他煮的汤圆，还要加了切得细碎的橙皮，或者是桂花。小小的一碗，决不能用大碗盛。按照他的说法，这种点心吃的就是这个精致，人家都说小碗汤圆，谁听过大海碗来着？逢年过节，家里常常宾客盈门，很多人都要留着肚子，吃最后那道他做的点心。有一回人太多，糯米粉不够，我爸爸在里面掺了一点大米粉。结果我吃了一口,说:"这里面不全是糯米吧?"他白了我一眼,不作声。

后来就听到我爸爸在厨房里一半得意一半认真地对我妈妈说:"这孩子的嘴还真刁,一吃就知道我掺了其他的米粉。嗯,像我。"后来他做水果羹,配了五颜六色的水果,但是味道却甜酸适度,而且还有一种特殊的香气。大家都说好吃,纷纷询问做法。他很得意地转向我:"你猜猜,我里面还放了什么?""当然是桂花。"他听了很高兴,但是还是念叨:"放这个桂花要讲究火候,太早了不行,太迟了也不行。"他念叨着,我已经溜走了。

我从小并不做饭,但是还算聪明伶俐。他做菜的时候,我跟着旁边看,看看就会了。都说做菜最考验人的还是家常菜。我爸爸如果不搞他的设备工程,估计可以转行做大厨。不过他做了大厨,估计要端足了架子,摆足了谱。譬如这个青椒炒鸡蛋,我爸爸喜欢加点上好的白酒爆香。这个菜普通,我从小就厌恶吃青椒，但是他做的这道菜我就很爱吃，而且我后来几乎也没有看过其他人做这道菜的时候加白酒爆香。爆香的过程很奇特，绝不能时间太长，不然酒香就会完全挥发掉。我不嗜酒，有回手边没有白酒，就开了家里的一瓶茅台。估计遇到酒仙之徒，八成要骂我暴殄天物。他还有道好吃的家常菜，美其名曰"金钩冬瓜"，用的是晒干的鲜海米，还有小罐的一种金丝豆瓣酱，没有这种酱也可以用生抽代替，但是味道就差了很多。冬瓜切成块，一面切成细致的花刀，但是决不能切透，所以切好后很像菊花，很好看。炒的时候，冬瓜不能太烂，不然就软塌走形；不能太快，否则就入不了味。后来我在这道菜上还加了一点切碎的香菜，可以将菜中的香味发挥到极致。

　　会做菜的人不能不会做汤。我爸爸擅长做一种排骨莲藕汤。这汤我在其他地方，若干人家里都吃过。但是奇怪，实在吃不出老爹拿手汤里的糯香和余味。他熬的鱼汤，雪白，上面滴一些小磨香油，撒一点胡

浮生

椒粉、一点盐，真是无上的美味。后来我独自生活，闲暇之余，也会做几个小菜来娱乐。或者生活随了我爸爸的习惯，我比较偏爱江南的菜系。但是我妈妈擅长的各种面食，我也还是没少了口福。面食里面我最不爱吃的就是面条，总感觉面条这东西吃的就是浇在上面的浇头，或者鲜汤。不过我妈妈有本事克服我这个刁钻的习惯，她做手擀面，面很细也很筋道。至于各种面条的做法，她几乎都试了个遍。除了面条，她还会各种面点。我记得小时候家里有个巨大无比的面板（估计那时候小，所以感觉极其大），我妈妈在上面揉面，做蒸得喷喷香、雪雪白的开花馒头，葱丝花卷，咬一口流出滚烫的但是香甜的糖汁儿的糖三角，或者她还会扣出各种精致的小面点，比如给我奶奶做的豆沙馅的寿桃，给我做的小金鱼枣泥面点，眼睛点了红，很是可爱。柿子下来了，她用柿子和面，煎成金黄色的甜糯可口的柿子饼儿。至于其他的各种面食，比如葱油饼、椒盐芝麻饼、三层饼、桂花糕、百果发糕等，她也都做过给我吃。我妈妈还会腌制各种小菜和果脯。小时候生了病，吃不下饭，一碗熬好的米粥，配一小碟酸酸甜甜或者爽口鲜咸的小菜，立刻就有了胃口。

　　人大了，烦恼多了，就开始挑剔了，仿佛吃什么都没胃口。有一天我回家，我妈妈发愁地问我："我都不知道你想吃什么菜。"我此时已经基本很少吃面食，很奇怪，小时候那些点心和用料，现在很难配得齐全了。不过她很高兴地发现只要是她做的东西，我还是会兴高采烈地吃下去。如今，父母都不在身边，在疲惫的工作之余，突然非常想念曾经无忧的岁月。当我在公司的那些各式的三明治、色拉、炸鸡块、炸薯条中徘徊的时候，或者一边飞快地在电脑上回复各个邮件，一边吃掉那些食之无味的午餐，我已经忘记了我曾经有那么精细的味觉。乡愁，已经不是一枚小小的邮票，我在这端，母亲在那端。乡愁，也已经不是一张小小的船票，过了江河湖海，就能安慰我的愁肠。

浮生

种瓜得瓜，种豆得豆

我喜欢种花，妈喜欢种果。在搬了家之后，在后窗给她开辟了一个小园子让她侍花弄草，二楼的露台放我的兰花。以前住的小区有严格的规定，最多养几个盆栽，而且还不能放在室外。自从有了这样一个袖珍小园子，每天我回家都会在那里待一会儿，花草树木的清香总让人心情很宁静。刚开始，妈种了不少樱桃萝卜，长势很喜人。可是，大概是土质的原因，并没有丰收的喜悦，收了大小不一的一堆萝卜，衬着绿油油的叶子，也算讨个喜兴。

草木知秋，秋风刚一卷过，路边的枫树就染了红黄的晕。天气也开始变得清凉了，早晨起来到露台上，吸一口清冽的空气，很是舒服。5月播下的种子，都已经开始结果。这里的土是红土，黏结性大，我种植的时候也没有翻土和配基肥。所以，并不指望那些豆儿、西瓜或者是西红柿能有多大的收成。起初豆荚藤刚刚发芽的时候着实地喜人，粗壮的苗儿几乎把覆盖的泥土都顶翻了。后来，又郁郁葱葱地爬满了一墙，可是过了很久都没有看到它开花。后来施了肥，但是心里并不指望有什么收成。即便不开花结果，我想，在雨天听着雨点落在藤蔓上，看着那因为落雨而变得更加青翠的藤蔓，总让我想起从前蜿蜒的常春藤。不下雨的日子，隔着阳台上的纱窗，看着阳光在叶子中间斑斑驳驳的影子，微

浮生

风吹过巴掌大的绿叶,也自有一种悠闲。我觉得就已经足够。所以,后来在豆荚藤中发现一朵白色的小花时,我还是惊喜了一下。花逐渐地越开越多,后来长出小小的豆角,弯弯的像下弦月。再后来,我已经可以从上面掐下一把豆角来。秋风紧了,大概到冬天就没有这样的花和豆了。

我种西瓜其实是无心栽柳。早先我去买花草的时候,顺手捎回一棵西瓜的小苗,只是种着玩。至于结西瓜这样的事情,连我自己也不抱多大的希望。西瓜秧倒是显现出极为旺盛的生命力,不久就爬满了整个种着小松树的小坡。黄色的西瓜花开得一片一片。西瓜花又叫半日花,半天就败。只是基本上没有雌花,也就谈不上结果。上网查过,知道雌花有类似于小西瓜样的花房。最后找来找去,终于在西瓜秧长到两三米的时候看到了雌花。于是又学了授粉,在阳光下和着蜜蜂的嗡嗡进行人工授粉也还是件蛮有意思的事情,这是因为雌花太少,而采蜜的蜜蜂总是忽略藏在叶子下的雌花。在授粉之后，小西瓜终于露了头，而且几乎是一天一个样子，每天都大一圈儿，十分让人开心。妈妈给心爱的西瓜都系了红线，为的是便于寻找，还特别地按照老大、老二的顺序给每个西瓜起了名。有一天数了下，居然有七八个小西瓜。

可是不知道什么原因，西瓜老大在长到小皮球那么大的时候就不再生长，后来被妈妈在清蔓的时候给误剪了下来。老二后来者居上，长势喜人，可是样子却从刚开始的滴溜儿圆变成个"倭瓜脑袋"。老二在蔓上挂了数天，也终于停止了生长，在被我实在忍不住切开来的时候，瓤子才刚刚有点点粉红，味道不甜，有点清淡。老三、老四则不知道为何挨个夭折。那几天，妈妈每天都在说，不会再收西瓜了。可是，柳暗花明，突然有一天在绿色的西瓜叶子里面，发现了一个翠绿的西瓜，标准的长圆形，清晰的纹路，瓜皮在阳光下闪着油亮的光泽。真是一个漂亮的西

浮生

瓜呀。这个后来者居上的西瓜，不但在个头上赶超了老二，甚至在长大的过程中都保持着漂亮的西瓜样子，没有变成倭瓜头，而后来我又在另外一枝侧蔓上发现了一个同样漂亮的西瓜。小时候的西瓜，真是好看！长大后还是保持了漂亮的椭圆形，只是秋露的原因，挂了一层霜。真是个前途无量的西瓜。

当然，还不能忘记说说青色的番茄。在并不肥沃的土地上破土而出的种子，居然长成这样高大的苗，然后又开始结出一颗颗青色的果实。可是，什么时候变红，却丝毫没有动静呢。随手撒了一包花的种子，这包花的种子来得很轻易，可是没有想到居然会开出这么多的颜色。"春有百花秋有月，夏有凉风冬有雪。若无闲事挂心头，便是人间好时节。"陶渊明爱的人间乐趣，也不过如此吧。

编辑心语

翻开《浮生》书稿，一篇篇精美的短文，展现在眼前。第一感觉，字字珠玑，行云流水；立意清新，感悟透彻；超凡脱俗，纤尘不染，好似"大珠小珠落玉盘"的音韵，带来了久违的内心祥和与思绪平静。

继而，再将书稿细细读过，不禁再次被深深触动：或掩卷沉思，或豁然惊喜，或心领神会，或暗自神伤……每一段话语，每一篇文章，直抵心扉，引发共鸣。

常言道"文如其人"，所以心里揣摩，作者一定有着玲珑剔透的心灵，柔美纤细的情感，历经沧桑的历练和参透红尘的慧心。只有这样，才能写出如此优美流畅、意味深长的文字，以致让人"才下眉头，又上心头"，绕梁三日，回味无穷。

"知我心者，谓我心忧；不知我者，谓我何求。"在文稿的编辑过程中，随着进一步的沟通交谈，慢慢懂得了作者，明白了她撰文的初心。世事纷扰，熙来攘往；沧桑变幻，心灵浮沉；终极人生，心归何处？作者愿以自己经历过的丰富人生而获得的情真意切的体验，去抚慰迷茫彷徨的心灵，去指点沉溺不拔的迷津。作者更是愿以自己用心的思索和执着的追求，把最深的心灵感悟和精神慰藉，化作文字分享给读者。

为此，作者以深厚的文化底蕴，非凡的艺术修养，细致的观察思考，贴切的慧心感悟，写下如春燕呢喃般的轻言细语，真情所致，酣畅淋漓。在无声无息之中，文章引导着读者，走进一件件小事，掠过一段段历史，认识一种种文化，感受一层层意境，体验一缕缕心情，参透一回回迷惑，脱离一次次悲苦……林林总总，不一而足。文章虽短，却依然能使人感到震撼，在你不经意间，让你久久不能释怀，之后又豁然开朗：什么是人世纷争，为何有人间百态？我看到了什么？我懂得了什么？我做到了什么？我将如何继续去看、去想、去做，去经历人生？

"宁与黄鹄比翼乎，将与鸡鹜争食乎？"人生的"辛苦遭逢"，存于一念，差之毫厘，谬以千里。有人囿于得失，有人醉于功名，有人耽于声色，有人困于自扰，或浑浑噩噩、不可自拔，或苦苦寻觅、不得其法。如果他们能有幸读到一些好书，有幸遇到几位良师益友，努力于多做一些实事，激发自己的动力，提升自己的智慧，激活内心的良善，奉献自己的爱心……这样就一定会得到心灵的升华。

作者的这本小书，虽然篇幅不大，却是用心血来完成。"山不在高，有仙则名。水不在深，有龙则灵"。在书稿的编校过程中，编辑自己已深受裨益，因此基于一个文字工作者的体会和初心，郑重地将此书推荐给广大读者，以分享作者的情感、智慧、才华、心路和感悟。

书稿编辑：碧　珀